Gebrauchsanweisung fürs Museum

Konrad O. Bernheimer

Gebrauchsanweisung fürs Museum

PIPER

Mehr über unsere Autoren und Bücher:
www.piper.de

ISBN 978-3-492-27740-2
3. Auflage 2020

Redaktion: Rainer Wieland, Berlin
Satz: Fotosatz Amann, Memmingen
Druck und Bindung: CPI books GmbH, Leck
Printed in the EU

Inhalt

7 Vorbemerkung

9 Der Besuch im Museum
15 Die Kunst der Kunstbetrachtung
21 Alte Meister oder Die Schule des Sehens
25 Historien und Geschichten
49 Was Porträts erzählen
65 Wie aus Alltagsszenen große Kunst entsteht
79 Im Lichte der Natur
93 Was ist still am Stillleben?
99 Ist Picasso ein Klassiker?
109 Große Museen – große Architektur
143 Die Kunst in der Welt des Massentourismus
153 Große Ausstellungen: Eventkultur oder Eye-Opener?
175 Sind Kirchen die besseren Museen?
195 Private versus staatliche Museen
209 Zum Schluss

213 Nachwort und Dank
215 Empfohlene Literatur

Vorbemerkung

Sicher werden mich viele Hinweise erreichen, ich hätte im vorliegenden Buch dieses oder jenes bedeutende Bild oder Museum beziehungsweise diesen oder jenen wichtigen Künstler vergessen. Ich bitte darum, es mir nachzusehen, wenn ich vollkommen subjektiv vorgegangen bin und tatsächlich nur Bilder beschreibe, die ich gut kenne, und Museen, die ich auch selbst besucht habe. Ich weiß, dass jeder Weltreisende in Sachen Kunst seine eigenen Prioritäten haben kann – und sicherlich andere als meine.

Der Besuch im Museum

Wahrscheinlich können nicht viele Menschen von sich behaupten, sie seien im Museum aufgewachsen. Bei den meisten Bewohnern einer Großstadt, die ein mehr oder weniger bedeutendes Kunstmuseum beherbergt, verhält es sich in der Regel so: Als Schüler werden sie (wenn sie das Glück haben, einen guten Kunstlehrer zugeteilt zu bekommen) ab und zu in das Museum ihrer Stadt geführt werden. Dort wird der Lehrer versuchen, der verlangten Allgemeinbildung des bürgerlichen Bildungsideals gerecht zu werden und seinen Schülern die ausgestellte Bilderwelt des Abendlandes näherzubringen. Oder man führt sie in Ausstellungen der örtlichen Kunsthalle, je nach Neigung des Erziehungspersonals. Das kann Erfolg haben oder auch nicht. Die meisten Schulklassen, die man im Museum beobachtet, zeigen sich nur mäßig interessiert. Sie umlagern einzelne Bilder und versuchen Skizzen davon anzufertigen, was manchem gefällt, den anderen verzweifeln lässt und manchen sogar für immer von der Kunst fernhalten wird. Aber die frühe Saat kann durchaus auch aufgehen, und es wachsen Künstler oder Kunsthistoriker heran.

Die meisten Zeitgenossen jedenfalls »entdecken« das Museum erst dann, wenn sie ihr touristisches Programm auf einer Auslandsreise in das dortige Museum führt, weil es zur obligatorischen Stadtbesichtigung gehört. So mancher Italienurlauber war schon öfter in den Uffizien als in seinem heimischen Museum.

Mir war ein anderes Schicksal beschieden.

Als ich sechs Jahre alt wurde und eingeschult werden sollte, befand mein Großvater: Jetzt, da ich lesen und schreiben konnte (irgendwie scheint er nicht daran gedacht zu haben, dass man mit dem Schuleintritt erst damit beginnt, Lesen und Schreiben zu lernen; er ging einfach davon aus, dass man es bereits kann), sei es an der Zeit, mit der Arbeit zu beginnen. Damit meinte er, ich solle das Geschäft des Kunst- und Antiquitätenhandels, wie er es betrieb, von der Pike auf lernen.

Unter der Woche musste ich mehrmals am Nachmittag in Großvaters Geschäft antreten, um von seinen Abteilungsleitern in den verschiedenen Disziplinen des Hauses unterrichtet zu werden, von den antiken Möbeln zu den Porzellanen über die Skulpturen zu den antiken Orientteppichen. Und an den Wochenenden ging es regelmäßig in eines der Münchner Museen. Meistens in das Bayerische Nationalmuseum, mit dessen Direktor mein Großvater befreundet war, seltener in die Alte Pinakothek. Das änderte sich jedoch, als ich meinen eigenen Willen durchsetzen konnte. Denn mich interessierten mehr die Gemälde, wohl auch deshalb, weil es im großväterlichen Kunsthaus keine Bilder gab. Jedenfalls hatte ich als kleiner Bub das Gefühl, ich hätte mich durchgesetzt, wenn wir statt der Möbel und Skulpturen im Nationalmuseum die Gemälde in der Pinakothek aufsuchten. Mein Großvater ließ mich in dem Glauben, ich hätte einen Sieg errungen.

In der Pinakothek angekommen, wurde ein Saal ausgesucht, auf den wir uns konzentrierten – eine Stunde lang, dann war es auch genug. Mein Großvater wusste genau, was und wie viel er seinem kleinen Enkel zumuten konnte. Ich wuchs ganz natürlich und ohne Berührungsängste mit den regelmäßigen Museumsbesuchen auf, sie gehörten von Anfang an zu meinem Leben. Und so ist es bis heute geblieben. Vor allem hat sich mir vieles von diesen frühen Besuchen unauslöschlich eingeprägt – wie der Satz meines Großvaters: »Wenn du ins Museum gehst, schau dir nicht das Museum an, sondern überlege dir vorher, was du dir ansehen willst.«

Das ist natürlich leicht gesagt, wenn man in einer fremden Stadt zu Besuch ist und zum ersten Mal das Kunstmuseum besuchen will. Da wird man sich zunächst einen Überblick darüber verschaffen wollen, welche Schätze das Museum birgt. Man ist versucht, gegen das Postulat des Großvaters zu verstoßen – das gilt auch für mich. Aber man kann, ja man sollte Schwerpunkte setzen. Ohnehin wird einen auch nicht alles auf die gleiche Weise interessieren. Der Satz des Großvaters bedeutet im Grunde genommen, dass man einige Bilder oder Kunstgegenstände genauer betrachten sollte statt sehr viele nur oberflächlich.

Man kann dieses Postulat aber auch auf die Spitze treiben: Einmal war ich mit dem Freundeskreis der Londoner National Gallery in Florenz unterwegs. Gleich am ersten Abend genossen wir das Privileg, abends, nach der offiziellen Schließung der Uffizien, in die heiligsten Hallen der italienischen Kunst eingelassen zu werden. Am nächsten Morgen rief ich meine Frau an, um ihr begeistert von diesem Erlebnis zu berichten. Wir seien über dreieinhalb Stunden in den Uffizien gewesen.

»Und, was habt ihr alles gesehen?«

»Vier Bilder!«

Meine Frau konnte es nicht glauben, aber genau so war es. Wir sahen die *Verkündigung* von Simone Martini, die große *Ognissanti*-Madonna von Giotto, die *Primavera* von Botticelli und die *Geburt der Venus,* ebenfalls von Botticelli. Vier Gemälde – aber die sehr intensiv. Einer der Kuratoren und der Direktor der National Gallery referierten abwechselnd vor einem dieser vier Bilder, und zwar so gründlich und so spannend, dass es mir ein unvergessliches Erlebnis blieb. Ich weiß nicht, wie oft ich in meinem Leben schon vor der *Primavera* oder der *Geburt der Venus* gestanden habe, aber so wie an diesem Abend hatte ich die Bilder noch nie wahrgenommen. Wir kamen in den folgenden Tagen noch einmal wieder, und es lief ähnlich ab. Diesmal konzentriert auf Caravaggio und Artemisia Gentileschi.

Man mag einwerfen: »Das ist ein Luxus, den ich mir nicht leisten kann, ich will ja vom Museum so viel wie möglich mitbekommen!« – Ja, ich gebe zu, ein solcher Museumsbesuch, bei dem man viele Bilder auslässt, ist ein Luxus. Aber, und das ist die andere Seite der Medaille, die Bilder, die man derart intensiv betrachtet hat, bleiben unvergessen.

Und ich gebe auch gerne zu, dass diese Vorgehensweise hauptsächlich für Wiederholungstäter sinnvoll ist. Wenn man weiß, man wird wahrscheinlich nicht so schnell wiederkommen, erliegt man viel leichter der Versuchung, die Quantität der Qualität vorzuziehen.

Beobachten Sie in einem beliebigen Museum die Besucher: Die meisten verbringen viel Zeit damit, die Label, also die Bildbeschreibungen, zu lesen, statt sich die dazugehörigen Kunstwerke anzusehen. Ganz zu schweigen von der relativ neuen Angewohnheit vieler Museumsbesucher, mit ihren Smartphones filmend durch die Säle zu eilen und überall Selfies zu schießen, als seien die Bilder, vor denen sie sich ablichten, Trophäen, die man damit abgehakt hätte. Immerhin gehen mehr und mehr Museen dazu über, Selfiesticks zu verbieten, und in etlichen Museen sind mittlerweile Fotografieren und Smartphones generell untersagt.

Als Kunsthändler war ich beruflich viel in den Museen unterwegs, und manchmal steuerte ich ganz gezielt ein einzelnes Gemälde an, weil ich den unmittelbaren Vergleich zu einem Bild suchte, mit dem ich mich gerade in meiner Galerie beschäftigte. In diesen Momenten erinnerte ich mich immer wieder an meinen Großvater, der mir als kleinem Jungen das Sehen beizubringen versuchte.

Die Kunst der Kunstbetrachtung

Mit Professor Willibald Sauerländer zu reisen war eine einzige große Freude. Der berühmte Kunsthistoriker und langjährige Direktor des Zentralinstituts für Kunstgeschichte in München war ein wundervoller Lehrer, und er beherrschte die Kunst der Kunstbetrachtung in Perfektion. Er war in allen Disziplinen der Kunst zu Hause (wovon in seinen letzten Jahren insbesondere die Leser der *Süddeutschen Zeitung* profitieren konnten, wo seine unvergleichlichen Ausstellungsrezensionen erschienen). Aber es war doch etwas ganz Besonderes, mit ihm die großen Kathedralen Frankreichs zu besuchen. Von tiefem Wissen zeugten seine Bücher über die gotischen Kathedralen und die gotische Skulptur in Frankreich, die heute in der Kunstgeschichte als Standardliteratur gelten.

Wenn man mit ihm vor dem Hauptportal einer Kathedrale stand, wurde zuerst der Gesamteindruck gewürdigt, der architektonische Aufbau besprochen, um sich dann dem Skulpturenschmuck des Portals und der Fassade im Detail und Figur für Figur zu widmen und zu diskutieren, wie die Heiligengeschichte jeder einzelnen Figur in das Gesamtkonzept des Fassadenschmucks zu integrieren sei. Das konnte gut und gerne zwei Stunden dauern, bevor man auch nur einen Fuß in das Innere der Kirche gesetzt hatte. Sauerländers Kenntnis der Heiligenlegenden war unerschöpflich – und das, obwohl er bekennender Agnostiker war!

War die Kirche dann nur von einem Seitenportal aus zu betreten, musste man zunächst ganz nach hinten gehen, um den Gesamteindruck des Kircheninnern vom Hauptportal aus zu erfassen. Hier wiederholte sich die Vorgehensweise: Zuerst wurde der Gesamtaufbau besprochen: Wie viele Kirchenschiffe waren zu sehen; wie waren diese miteinander verbunden; wie entwickelten sich daraus die Seitenkapellen; und auf welche Weise führte das Hauptschiff auf die Vierung zu und ließ den Raum des Hauptaltars wirken. Dann erst wandte man sich den Details zu.

Diese Vorgehensweise öffnete dem eifrigen Zuhörer die Augen, dem auch nach stundenlanger Einführung nie langweilig wurde, weil der Professor mit einer solchen Begeisterung und Hingabe erzählte. In das Kirchenschiff einfach mal so einzutreten, wie es sich ergab, weil der Eingang sich beispielsweise auf der Seite befand, war von da an nicht mehr möglich.

Betrat man mit Sauerländer ein Museum mit einer Bildergalerie, war seine Methode ähnlich, wenn nicht noch konsequenter. Er stellte sich in die Mitte des Saales und ließ seinen Blick über die Wände streifen, um sich dann nach einer Weile, dabei immer laut denkend, den einzelnen Bildern zuzuwenden. Sich die Texte der Label durchzulesen war verpönt. Man musste sich das Bild erst nach und nach erschließen, vor dem eigenen Auge beschreiben, was man sah, die Geschichte, die das Bild erzählen wollte, zu entziffern versuchen, dabei auf einzelne Figuren eingehen, ihre Haltung, ihren Gesichtsausdruck, ihre Kleidung schildern, um auf diese Weise ihren gesellschaftlichen Stand zu erkennen. Erst ganz zum Schluss, wenn man versucht hatte, alle Details zu würdigen, durfte man sich der Frage zuwenden, wer denn das Bild gemalt haben könnte. Aber ja nicht auf das Label schauen! Man musste versuchen, die Identität des Künstlers herzuleiten, indem man weitere Fragen beantwortete: In welchem Jahrhundert bewegen wir uns? An wen könnte diese Malweise erinnern und warum? Und wenn man schließlich erkannt hatte, wer der Schöpfer war (oder man doch insgeheim das Label gelesen hatte), folgte der Versuch, dieses Bild zeitlich in das Œuvre des Meisters einzuordnen.

Diese Vorgehensweise war der meines Großvaters gar nicht so unähnlich, wenn er sich mit seinem kleinen Enkel in der Pinakothek in die Mitte eines Saales stellte und ich ihm aus der Entfernung die Namen der Künstler nennen sollte. Erst dann durften wir an die einzelnen Bilder herantreten.

Wer schon einmal in Wien im Gartenpalais der Fürstlichen Sammlungen von Liechtenstein war, wird sich erinnern, dass es dort neben den Kunstwerken keine Labels gibt, sondern nur kleine Nummern. Das bedeutet zwangsläufig, dass der Besucher die Exponate intensiver betrachtet; er kann auch das Informationsblatt, das in jedem Saal ausliegt, zu Hilfe nehmen. Mir ist dort einmal etwas Peinliches passiert: Anlässlich einer Veranstaltung wurde ich gebeten, eine Gruppe von Gästen in den Rubens-Saal zu führen. Das war im Prinzip kein allzu großes Problem; ich dachte, über den Rubens-Zyklus von der Geschichte des Decius Mus würde mir bestimmt irgendetwas einfallen – unvorbereitet, wie ich war.

Dann jedoch holte mich meine eigene Eitelkeit ein. Auf dem Weg in den Saal kamen wir an einem Gemälde vorbei, das ich einige Jahre zuvor an die Sammlungen des Fürsten verkauft hatte. Und ich begann meinen Vortrag mit diesem Gemälde.

Dargestellt war die Geschichte von Atalanta und Hippomenes aus den *Metamorphosen* des Ovid: Die Königstochter Atalanta, eine hervorragende Läuferin, wollte den Mann heiraten, der sie im Wettlauf besiegte. Wenn der Bewerber aber verlor, würde sie ihn töten. Hippomenes verliebte sich in Atalanta und hatte die Liebesgöttin Aphrodite auf seiner Seite, die ihn mit goldenen Äpfeln ausstattete. Diese sollte er seiner Angebeteten immer dann in den Weg werfen, wenn er sah, dass sie ihn überholte. Da sich Frauen anscheinend – so will es die griechische Mythologie – immer bücken, wenn sie einen goldenen Apfel vor sich liegen sehen, gewann unser Held das Rennen, entging einem grausamen Schicksal und durfte die Prinzessin heiraten. Während ich die Geschichte erzählte, merkte ich, dass mir der Name des Künstlers entfallen war. In jedem anderen Museum hilft in diesem Augenblick ein verstohlener Blick auf das Label, nicht aber hier! Ich erzählte immer weiter, wie sich die Geschichte der beiden entwickelte und dass sich unser Maler von Gemälden von Guido Reni im Prado und in Capodimonte habe beeinflussen lassen, als unweigerlich die Frage aus dem Kreis der Zuhörer aufkam: »Und wie heißt er denn, unser Maler?«

In diesem Moment hielt mir eine Angestellte des Museums, die meine Not erkannt hatte, das Informationsblatt des Saales unter die Nase, und ich war erlöst: »Es ist natürlich von Nicolas Colombel, einem französischen Maler, der nach Rom gegangen war und sich dort von Raffael, Guido Reni und Poussin beeinflussen ließ und einen gemäßigten Klassizismus …« – und so fort. Ich weiß nicht, ob die Gruppe meine Verlegenheit mitbekam, jedenfalls bescheinigte man mir später, ich hätte diese herrliche Geschichte aus den *Metamorphosen* ausgesprochen lebendig erzählt. Der puren Not gehorchend, hatte ich sie immer weiter ausgebaut in der Hoffnung, der Name des Künstlers werde mir schon noch einfallen. Und dabei hatte ich, ohne es zu wollen, meinen Zuhörern das Bild und seine Geschichte exakt nach der Sauerländer'schen Methode nähergebracht.

Ernst Gombrich schreibt in der Einleitung zu seiner *Geschichte der Kunst* sehr treffend:

»Menschen, die ein wenig Kunstgeschichte kennen, erliegen leicht einer … Versuchung. Wenn sie ein Kunstwerk sehen, halten sie sich nicht damit auf, es wirklich anzuschauen, sondern suchen gleich in ihrem Gedächtnis nach dem richtigen Etikett. Sie wissen etwa, dass Rembrandt für sein *chiaroscuro* berühmt ist – das ist der Fachausdruck für seine Beleuchtungseffekte –, und wenn sie einen Rembrandt zu sehen bekommen, nicken sie weise mit dem Kopf, sagen irgendetwas Tiefsinniges über sein *chiaroscuro* und wandern dann zum nächsten Bild. Es liegt mir viel daran, auf diese Gefahr ganz offen hinzuweisen, denn keiner von uns ist gegen eine solche Versuchung gefeit, und ein Buch wie dieses könnte noch anfälliger dafür machen. Ich möchte aber lieber, dass es die Augen öffnet, als dass es Zungen löst. Gescheit über Kunst zu orakeln ist gar nicht besonders schwer, denn Kunstkritiker verwenden viele Ausdrücke in so widerspruchsvollen Zusammenhängen, dass sie jede klar umrissene Bedeutung verloren haben. Es ist viel schwerer, ein Bild mit neuen Augen anzusehen und darin auf Entdeckungsreisen zu gehen, aber es ist auch weitaus lohnender. Es lässt sich gar nicht sagen, was man von so einer Reise mit heimbringen kann.«

Dem lässt sich kaum etwas hinzufügen.

Alte Meister oder Die Schule des Sehens

Wenn wir Museumsgänger sind und uns Bilder näher ansehen wollen, müssen wir zuerst eine Unterscheidung treffen: Ich spreche in dieser *Gebrauchsanweisung* vor allem von der Malerei der Alten Meister, die einen anderen Zugang erfordert als die Malerei des Impressionismus, des Expressionismus und anderer Stilrichtungen, die wir heute als »Moderne« Kunst bezeichnen – die jedoch im weitesten Sinne ebenfalls bereits den Klassikern oder, aus der Sicht der Zeitgenossen, den Alten Meistern zuzurechnen sind. Im Gegensatz dazu erfordert die Zeitgenössische Kunst vom Betrachter eine andere Herangehensweise, um das Werk verstehen oder zumindest einordnen zu können.

Die Kunstgeschichte hat immer in Hierarchien gedacht. Über Jahrhunderte hinweg, von der Antike bis zur Renaissance, haben es Kunsttheoretiker und Künstler geliebt, sich an dem Wettstreit der verschiedenen Künste, dem »Paragone«, zu beteiligen. Von Leon Battista Alberti, dem großen Denker und Humanisten der Frührenaissance, bis hin zu Leonardo da Vinci und vielen anderen haben sich Künstler und Kunsttheoretiker darüber ausgelassen, ob nun der Skulptur oder der Malerei das Primat gebühre. Auch innerhalb der Malerei hat man mehrere Gattungen unterschieden – die Historienmalerei, das Porträt, Genremalerei, Landschaftsmalerei und das Stillleben – und darüber gestritten, in welcher Rangfolge diese zueinander stehen. Aus heutiger Sicht scheinen diese Bemühungen eher sinnlos und vielleicht sogar überflüssig, zumal seit Anbruch der Moderne der Kunstbegriff als solcher immer wieder neu interpretiert und erweitert worden ist.

Gombrich, dessen Lektüre ich immer wieder empfehlen muss, weist in seiner *Geschichte der Kunst* darauf hin, dass der herkömmliche Kunstbegriff populärerweise mit technischer Finesse, Können und Fingerfertigkeit zu tun hatte. Das größte Vergnügen bei der Betrachtung eines Gemäldes kann die Entschlüsselung der Geschichte sein, die uns der Künstler erzählen wollte oder vielleicht auch versteckt auf dem Bild hinterlassen hat. Das Verschlüsseln von Botschaften gehörte über viele Jahrhunderte hinweg zum Handwerk des Künstlers, vor allem in der Zeit des Barock. Zur Entschlüsselung wiederum – und somit zum Verständnis des Kunstwerkes über die reine Lust an der Ästhetik hinaus – bedarf es eines Wissens, über das der gebildete Betrachter früherer Jahrhunderte selbstverständlicher verfügte als wir heute. Dazu gehört die Kenntnis einer relativ kleinen Anzahl von Schriften: die Bibel mit dem Alten und Neuen Testament; die Heiligenlegenden, wie sie etwa in der *Legenda Aurea* des Jacobus von Voragine erzählt werden; die *Metamorphosen* des Ovid, um Kenntnis zu erlangen über die Verwandlungen und die Liebschaften der antiken Götter; und schließlich die *Iconologia* des Cesare Ripa: Wenn es um die Entschlüsselung von Symbolen und Allegorien geht, ist dieses Werk seit seiner Entstehung Ende des 16. Jahrhunderts *das* ikonografische Lexikon schlechthin.

Die Kenntnis dieser Bücher verhilft dem Betrachter der Alten Meister, die Geschichte hinter dem Bild zu verstehen, und das in nahezu allen Fällen. Aber selbstverständlich gilt auch hier der alte Spruch meines Französischlehrers, der zu sagen pflegte: »Du musst nicht alles wissen, du musst nur wissen, wo du nachschlagen kannst!« Heute hat es der Suchende dabei viel einfacher, er braucht nur Wikipedia zu konsultieren. Zumindest mag das für das schnelle Nachschlagen unterwegs gelten; in meinen Augen ist das gedruckte Buch mit seinen optischen und haptischen Eigenschaften und Vorzügen schwerlich zu überbieten. Ganz abgesehen davon, dass die konzentrierte Atmosphäre einer Bibliothek, ja schon der schiere Anblick von mit Büchern gefüllten Regalen der Arbeitslust und Konzentration nur guttut.

Was ich allerdings tatsächlich empfehlen möchte: Wenn in dieser *Gebrauchsanweisung* auf bestimmte Bilder hingewiesen wird, mag es durchaus hilfreich sein, sich dazu eine Abbildung aus dem Internet zu holen. Ich werde der Einfachheit halber zu den jeweiligen Bildern einen Link zur Website hinzufügen, die das beschriebene Bild zeigt.

Lassen Sie uns also einige herausragende Bilder der verschiedenen Gattungen der Malerei betrachten mit Tipps, wie sie zu »lesen« sind. Viele von ihnen zählen zu den großen Meisterwerken ihres Faches, in jedem Falle gehören sie zu meinen Lieblingsbildern. Ich will nicht behaupten, dass man sie alle gesehen haben muss, aber mein Leben wäre sicherlich ärmer ohne sie. Sie alle erzählen ihre eigene Geschichte – eine Schule des Sehens.

Historien und Geschichten

Unter Historienmalerei dürfen wir uns nicht nur Bilder mit der Darstellung historischer Begebenheiten vorstellen. Es gehören auch Mythologien und religiöse Darstellungen dazu.

Die Hinrichtung der Lady Jane Grey

Ein Gemälde aus der Londoner National Gallery mag hier am Anfang stehen, nicht nur weil es eine historische Begebenheit auf einen exakten Moment verdichtet, sondern auch weil es in der National Gallery von Anbeginn zu den populärsten Bildern zählte und auch heute noch ständig umlagert ist: *Die Hinrichtung der Lady Jane Grey* von Paul Delaroche von 1833.*

Die Gründe für die nicht enden wollende Popularität dieses großformatigen Historienbildes sind vielfältig: Zunächst wird

* https://www.nationalgallery.org.uk/paintings/paul-delaroche-the-execution-of-lady-jane-grey

man feststellen, dass Delaroche, einer der bekanntesten französischen Historienmaler der ersten Hälfte des 19. Jahrhunderts, in beeindruckend realistischem Stil eine brutale Szene abbildet. Lady Jane Grey war 16 Jahre alt, als sie im Jahr 1554 für genau neun Tage Königin von England war, bevor sie im Tower von London hingerichtet wurde. Als Spielball der Politik zwischen den Katholiken und Protestanten Englands wurde sie zunächst als Nachfolgerin von Edward VI. auf den Thron gesetzt. Doch schon wenige Tage später wurde sie wieder abgesetzt, um ihrer Cousine Mary Tudor Platz zu machen, jener Mary, die als »Bloody Mary« in die Geschichte einging, die Tochter Heinrichs VIII. und Vorgängerin Elisabeths I. Die kleine Jane endete grausam auf dem Schafott. Die Tragödie dieses unschuldigen Kindes ist ergreifend und ebenso herzzerreißend dargestellt. Es ist ein gutes Beispiel für ein Historienbild, das den beschriebenen Augenblick aus dem großen geschichtlichen Kontext herauszulösen vermag und auf die Ebene einer individuellen menschlichen Tragödie übersetzt.

Drei Verkündigungen

Auch religiöse Themen gehören in diese Kategorie, und eine der beliebtesten Darstellungen zu allen Zeiten ist die Verkündigung Mariens. Die großen Meister vermochten es, die Geschichte immer wieder gänzlich anders zu interpretieren.

Eine meiner Lieblings-Verkündigungen befindet sich in München in der Alten Pinakothek, ein Gemälde, mit dem ich sozusagen aufgewachsen bin: die *Verkündigung* von Fra Filippo Lippi (um 1443/45).*

* https://www.sammlung.pinakothek.de/de/artist/fra-filippo-lippi/verkuendigung-mariae

Fra Filippo Lippi war – wie man aus dem Präfix »Fra« für Frater erkennen kann – ein Mönch. Er lebte und arbeitete in der Florentiner Frührenaissance. Ihm sind einige der schönsten Bilder zu verdanken aus der Zeit, als die Renaissance noch im Entstehen war und sich dann in der Mitte des 15. Jahrhunderts von einem Höhepunkt zum nächsten entwickelte. Florenz, das vom Reichtum und der Großzügigkeit der führenden Familien der Stadt, allen voran der Medici, profitieren konnte, war ihr Zentrum. In den Künstlerwerkstätten nutzte man die neuen Möglichkeiten der Maltechnik, um »nicht nur die heiligen Geschichten packend nachzuerzählen, sondern damit auch ein Stück Welt zu spiegeln«, wie es Gombrich treffend beschreibt. In der Stadt wimmelte es nur so von großen Künstlern, die ansehnliche Aufträge erhielten – von den Florentiner Familien, den Zünften und Innungen und natürlich von den Kirchen und Klöstern. Diese Konkurrenz war ungeheuer beflügelnd. Jedem Künstler war es wichtig, seinen eigenen, unverkennbaren Stil zu entwickeln und dabei einen eigenen Kreis von Schülern aufzubauen. Jeder einzelne von ihnen wollte unverwechselbar sein, was vielen auch gelang. Masaccio, Uccello, Fra Angelico, Benozzo Gozzoli wetteiferten dabei mit den großen Bildhauern, mit Donatello, Ghiberti und vielen anderen.

Fra Filippo Lippi erhielt den Auftrag für das Hochaltarbild eines Frauenklosters in Florenz. Er bemühte sich auch hier, seinen eigenen Stil auszudrücken, auch ikonografisch etwas Neues zu schaffen: Statt wie bisher in den meisten Darstellungen der Verkündigung Mariens, verlegt er den Ort aus der Stube, der Intimität des Zimmers, in eine prachtvolle, offene Loggia, die alle Vorzüge der in Florenz gerade in Mode gekommenen Architektur aufweist. Man fühlt sich in den Kreuzgang eines Klosters versetzt und blickt in einen angrenzenden Garten. Der Erzengel Gabriel, der in der Engelshierarchie für die Verkündigung zuständig ist und sich auch sonst als Bote Gottes und Erklärer von Visionen anbietet, tritt der Jungfrau Maria in Lippis Darstellung als demütiger Engel entgegen, er kniet vor ihr, während sie von ihrem Betpult aufgestanden ist, ihren blauen Mantel rafft und ebenso scheu und demütig zu Boden schaut. In vielen anderen Darstellungen gibt es zwischen dem Engel und Maria Blickkontakt, hier jedoch scheuen beide den direkten Blick. Lippi hat einen ganz bestimmten Augenblick eingefangen. Die meisten anderen Darstellungen der Verkündigungsgeschichte zeigen dem Betrachter den Moment der Enthüllung der göttlichen Mitteilung, Maria werde vom Heiligen Geist den Sohn Gottes empfangen; entsprechend gestenreich wird der Engel dargestellt, und entsprechend erschrocken reagiert die arme Jungfrau. Hier jedoch scheint alles bereits gesagt. Möglicherweise hat Maria schon geantwortet, sie sei die Dienerin des Herrn und füge sich in ihr Schicksal. Jetzt ist nur noch Ruhe, Feierlichkeit und Demut. Der Strahl Gottes, auf dem der Heilige Geist in Form einer weißen Taube einschwebt, ist bereits auf der Brust Mariens eingetroffen, während links oben am Bildrand der bärtige Gottvater, gütig hinunterblickend und umgeben von einer Gruppe von kleineren Engeln, seinen Segen erteilt. Das Gefieder der großen Flügel des Erzengels, der mit seiner Linken die weiße Lilie der Unschuld hält und in Demutshaltung seine rechte Hand auf die Brust legt, ist ganz außerordentlich: Es besteht aus unendlich vielen Pfauenfedern. Es ist der wohl luxuriöseste Erzengel Gabriel, den ich je gesehen habe.

Es ist ein Bild, das trotz der großen Ruhe, die es ausstrahlt, die ganze Dramatik der Situation einfängt – immerhin der Beginn einer neuen Heilslehre.

Ganz anders wird die gleiche Situation in der *Verkündigungsszene* von Carlo Crivelli von 1486 in der National Gallery in London dargestellt.*

Carlo Crivelli stammt aus Venedig, lebte in etwa zur selben Zeit wie Filippo Lippi, blieb aber wohl im Veneto, in Padua, und wirkte später in Dalmatien. Die Verkündigung von Crivelli ist ein Bild, das in seinem Reichtum kaum zu übertreffen ist. Die Jungfrau Maria kniet in ihrer Kammer an ihrem Betpult, aber diese Kammer, die den Blick auf eine schmale Gasse lenkt, befindet sich in einem reich ausgeschmückten Palazzo mit Friesornamenten und Pilastern mit vergoldeten korinthischen Kapitellen. Über ihrer geöffneten Kammer sieht man auf einer Balustrade unterhalb einer sich öffnenden Loggia einen Pfau sitzen, neben ihm ist ein wertvoller orientalischer Teppich über die Brüstung gelegt, der im Wind flattert. Darüber ein Vogelkäfig, in dem ein kleiner Vogel sitzt. Man sieht in Untersicht die prachtvoll ausgestattete Kassettendecke der Loggia, die sich im Obergeschoss an der Ecke des Palazzo befindet.

Vor dem Palazzo, in einer schmalen Gasse und vor der Außentreppe des nachbarlichen Gebäudes, das von mehreren Einwohnern des Städtchens belebt wird, kniet der Verkündigungsengel. Er sieht mehr wie ein ungewöhnliches Fabelwesen aus, mit seinen bunten Flügeln und seiner aufwendigen Kostümierung. Er kniet vor dem Fenster, mit der Linken die unvermeidliche weiße Lilie tragend und mit der Rechten einen segnenden Gruß beschreibend. Mit ernstem Gesicht schaut er durch das vergitterte Fenster auf die Jungfrau, die entweder bescheiden ihren Kopf gesenkt hat, nachdem sie die Worte des Engels vernommen hat, oder vielleicht noch

* https://www.nationalgallery.org.uk/paintings/carlo-crivelli-the-annunciation-with-saint-emidius

in ihr Buch vertieft ist und den Besucher gar nicht bemerkt hat.

Aber der Besucher, und dies ist nun ganz ungewöhnlich, ist nicht alleine gekommen. Er ist in Begleitung eines Bischofs in vollem Ornat, das Modell einer Stadt in Händen haltend. Wir erfahren, dass dies der heilige Emidius ist, der Stadtheilige von Ascoli Piceno, für deren Kirche der *Santissima Annunziata* das Bild in Auftrag gegeben war.

Neben der Thematik der Verkündigung ging es Crivelli ganz offensichtlich um etwas ganz anderes. Er wollte die neuesten Errungenschaften seiner Kunst zeigen: Er beherrschte die damals entstehende Kunst der Perspektive in Perfektion. Die für seine Zeit ungewöhnlich gut gelungene und komplex angelegt Architektur, die Fluchtpunkte zwischen den angrenzenden Palazzi, die sich nach hinten stark verjüngenden Gebäudeteile; dazu das Einstreuen von allerlei Symbolik wie der vermeintlich achtlos auf dem Boden liegende Apfel, der natürlich nur deswegen hier liegt, weil er an Adam und Eva und die Erbsünde erinnern soll, oder der auf der Balustrade stehende Pfau, der für die Unsterblichkeit steht, da man glaubte, sein Fleisch würde niemals verwesen: All dies zeugt von außergewöhnlichem Können und Intellekt.

Ganz anders ist hier der Gottesstrahl dargestellt: Gottvater ist nicht zu sehen, aber im Himmel hat sich wie bei einem kleinen Tornado ein kreisförmiges Loch gebildet, von Wolken umkreist, aus dessen Mitte der goldene Strahl Gottes durch eine eigens dafür geschaffene Öffnung in der Fassade direkt auf die Stirn Mariens trifft. Auf dem goldenen Strahl gleitend, nähert sich die weiße Taube des Heiligen Geistes. Den Segen Gottes für all das, wofür sie auserkoren wurde, scheint Maria bereits erhalten zu haben, denn sie trägt einen Heiligenschein.

Dieses Gemälde von Carlo Crivelli gehört sicherlich zu den ungewöhnlichsten Bildern dieser Zeit, und man kann bei jeder neuen Betrachtung immer wieder neue Details entdecken.

Und noch eine dritte, wiederum ganz andere Interpretation dieser Geschichte möchte ich dem Leser nicht vorenthalten. In dem kleinen Ort Recanati, mitten in den Marken, nicht weit von Loreto und südlich von Ancona, befindet sich eines der schönsten Werke des großen Meisters Lorenzo Lotto: die *Verkündigung* aus Recanati (um 1527/29).*

Lorenzo Lotto, in Venedig geboren, stand am Anfang seiner Karriere unter dem Einfluss von Giovanni Bellini. Er schuf für die Kirche San Domenico in Recanati ein großes Altarbild und für eine der Bruderschaften des Ortes eben jene Verkündigung.

Die Interpretation Lottos ist gänzlich anders und mehr als überraschend:

Wieder befinden wir uns in Marias Stube. Diesmal zeigt sie auf eine offene Loggia mit einem schönen Garten dahinter. So weit, so gut – doch der Rest ist vollkommen neu und höchst dramatisch: Der Erzengel Gabriel ist soeben im eiligen Flug vor Maria auf dem Boden gelandet, sein blondes, gelocktes Haar ist vom Fahrtwind zerzaust. Er hebt seine Rechte nicht zum Gruß, sondern weist mit dieser nach oben, zu Gottvater, der sich aus einer Wolke heraus, ebenfalls quasi im Sturzflug, in Richtung Maria bewegt, mit ausgestreckten Armen, beide Hände gefaltet, auf die Jungfrau deutend, und zugleich mit einem grimmigen Gesicht seinen Befehl erteilt. Dieser Gott hier akzeptiert keinen Widerspruch. Er scheint es eilig zu haben; für gemessene

* http://www.lorenzolottomarche.it/en/annunciazione-15271529/

Erhabenheit, wie bei anderen Darstellungen der Verkündigung, bleibt hier gar keine Zeit. Maria ist durch den so plötzlich eingedrungenen Engel tief erschrocken, hat sich vom Betpult abgewandt und sucht mit ihren beiden bis zur Brusthöhe erhobenen Händen und in leicht gebückter Haltung Schutz suchend Augenkontakt mit uns, den Betrachtern der Szene. Hinter ihr ergreift eine Katze in panischer Angst die Flucht. Sie wird die einzige sein, der möglicherweise die Flucht gelingt. Wir wissen ja, wie die Geschichte ausgeht.

Lorenzo Lotto komponiert hier etwas vollkommen Revolutionäres, und man muss sich schon wundern, dass die den Auftrag gebende Bruderschaft der Kaufleute von Recanati das Gemälde mit dieser fast ketzerischen Interpretation als Altarbild akzeptiert hat. Vielleicht weil es dennoch, oder auch gerade deshalb, ein großartiges Bild ist.

Die Kreuzabnahme Roger van der Weydens

Ein anderes großes Thema der christlichen Heilsgeschichte und der Kunst ist die Kreuzabnahme Jesu nach dessen Tod. Einige Abbildungen dieser Szene, in der der tote Leichnam vom Kreuz herabgelassen wird, zählen zu den bedeutendsten Darstellungen der Kunstgeschichte. Zum Beispiel die von Rubens in der Antwerpener Kathedrale, die von Caravaggio in der Vatikanischen Pinacoteca und die von Rogier van der Weyden im Prado. Allein zur Kreuzesabnahme von Rubens in der Antwerpener Kathedrale könnte man ein ganzes Buch schreiben, was im Übrigen Willibald Sauerländer bereits unübertrefflich getan hat: *Der katholische Rubens.* Auf Caravaggio werden wir später zu sprechen kommen.

Die Kreuzabnahme von Rogier van der Weyden im Prado* ist sicher eine der komplexesten Darstellungen, und sie ist an Realitätsnähe kaum zu übertreffen.

Rogier van der Weyden zählt – zusammen mit den Brüdern van Eyck, Hieronymus Bosch oder Hugo van der Goes – zu den wichtigsten Repräsentanten jener frühen Epoche altniederländischer Malerei in der ersten Hälfte des 15. Jahrhunderts, deren Einfluss auf die gesamte weitere Entwicklung der europäischen Malerei nicht zu unterschätzen ist. Ihre neuen Techniken, ihre neue Sicht und Ästhetik und der konzentrierte Blick auf die reale Welt lässt Kunsthistoriker wie Hans Belting von »der Erfindung des Gemäldes« sprechen. Ich weiß nicht, wie oft ich schon vor diesem Bild von Rogier van der Weyden gestanden und immer wieder aufs Neue versucht habe, es in seiner Komplexität zu erfassen. Wenn ich in den Prado gehe, ist es immer das erste Bild, das ich aufsuche. (Nicht nur weil es im Erdgeschoss hängt.) In den Jahren zwischen 1430 und 1435 entstanden, gehört es zu den wichtigsten Gemälden jener frühen Zeit.

Auf engstem Raum hat der Meister zehn Figuren dargestellt, die das Geschehen in höchster Dramatik verkörpern, man könnte »an Akteure, an Darsteller eines Passionsspiels oder eines lebenden Bildes« (Gombrich) denken, von einem genialen Regisseur in Szene gesetzt. In der Mitte trägt der bärtige Josef von Arimathäa den Leichnam Christi. Ein auf einer Leiter stehender Gehilfe hinter dem Kreuz hält noch den linken Arm des Gekreuzigten, während Joseph den Körper unter den Achseln gehoben hat, mit beiden Händen das weiße Leichentuch umfassend, als scheute er sich, den Körper des Herrn direkt zu berühren. Der Leichnam, dessen

* https://www.museodelprado.es/en/the-collection/art-work/the-descent-from-the-cross/856d822a-dd22–4425-bebd-920a1d416aa7

Schwere man förmlich spüren kann, wird an den Beinen gehalten von einem dritten Mann, Nikodemus, der ihn nach rechts wegzuziehen versucht. Hinter ihm erscheint ein weiterer Mann, der in einer Hand ein Salbgefäß hält und mit der anderen versucht, helfend einzugreifen. Die schmerzhafte Ergriffenheit der Männer wird noch übertroffen vom Schmerz der Maria Magdalena, die tief gebeugt, ihre Hände ineinander verschränkt, verzweifelt und herzzerreißend weint. Aus rot geränderten Augen fließen ihr die Tränen über Wangen und Nase, sie ist in ihrem Schmerz erstarrt.

Das kompositorische Gegenstück zum Leichnam Jesu ist die schräg unter ihm hingestreckte Muttergottes, die soeben in Ohnmacht gefallen ist und von Johannes und einer der anderen Marien aufgefangen und gehalten wird. Hinter Johannes steht die dritte Maria, die ihr Gesicht schluchzend hinter einem Tuch verbirgt.

Bestechend die vielen Details, die sich dem Betrachter eines nach dem anderen eröffnen: Die Komposition der Farben ist unglaublich: das reine Weiß des Leichentuches und der Kopftücher der Frauen, das strahlende Blau des weiten Mantels der Gottesmutter, das flammende Rot des Johannes, die grüne Seide und der Brokat der Maria, die hinter der Muttergottes steht und sie stützt, der pelzverbrämte dunkle Mantel des Josef von Arimathäa, welchen er über einer mit Gold und Edelsteinen gesäumten roten Tunika trägt, der reiche rot-goldene Brokat des Gewandes von Nikodemus, schließlich das schlichte grün-graue Kleid der Maria Magdalena, deren Mantel aus hellem Lila ihr bis auf die Hüften heruntergeglitten ist. Mit gesenktem Kopf und tränenvollen Augen sieht sie hinüber, quer über den Leichnam Christi und die ohnmächtige Muttergottes hinweg, auf einen Totenschädel zu Füßen des Johannes. Es ist der Schädel des Adam, der hier liegt, um den Betrachter nicht nur daran zu erinnern, dass alles vergänglich ist, sondern auch, dass es Adam war, der die erste Sünde, die Erbsünde, begangen hat, von der Jesus Christus die Menschheit durch seinen Opfertod befreit hat.

Es gäbe noch so viele Details, welche die intensive Betrachtung dieses Meisterwerkes lohnen. So fiel mir jetzt erst, beim Beschreiben für dieses Buch, erstmals auf, dass Maria Magdalena einen Ehering trägt. Nichts in diesem Bild ist zufällig, alles ist durchdacht und an seinem richtigen Platz. Es muss nur entdeckt werden.

Apollo und Marsyas

Wir wechseln die Szene und betreten das weite Gebiet der Mythologie. Die griechischen Götter wurden immer wieder mit höchst menschlichen Eigenschaften charakterisiert. Sie kannten Liebe und Hass, Eifersucht und Unduldsamkeit, und vor allem: Sie waren nachtragend. Was Apollo – der nicht nur der Gott des Lichtes und der Orakel ist, sondern auch der Gott der Künste, der Dichtkunst und der Musik – besonders erzürnte, war, dass ein Satyr namens Marsyas ihn zum Wettstreit aufforderte. Marsyas war von der Vollendung seines eigenen Spiels derart überzeugt, dass er es wagte, Apollo mit seiner Kithara herauszufordern. Es endete, wie es enden musste: Apollo war es vollkommen gleichgültig, ob nun er oder Marsyas besser gespielt hatte, er vollzog an dem Satyr eine grausame Strafe: Er zog ihm die Haut ab. Ohne Haut ist der menschliche Körper nichts als eine einzige blutende Wunde. Diese Strafe für die Hybris zu glauben, die eigene Kunst könnte so gut sein wie etwas Göttliches oder Unvergängliches, wurde von vielen Künstlern als Mahnung erkannt und dargestellt.

Eine der eindrücklichsten Abbildungen dieser mythologischen Begebenheit findet sich im Museum von Capodimonte, über den Hügeln von Neapel: Sie stammt von Jusepe de Ribera aus dem Jahr 1637.* Der große spanische Maler, der in jungen Jahren nach Italien ging, wurde in der Nachfolge Caravaggios zu einem der wichtigsten Repräsentanten der Neapolitanischen Schule.

Das Schinden oder Abziehen der Haut bei lebendigem Leibe ist unendlich grausam. Ribera erspart uns die Einzelheiten, indem er Apollos Strafe ganz zu Beginn darstellt. Der Gott hat den Satyr kopfüber mit seinen Bocksbeinen an einen Baum gebunden und eben damit begonnen, unterhalb eines der Hufe einen Schnitt anzubringen und die Haut, an den Beinen mit Fell überzogen, mit der bloßen Hand herabzureißen. Marsyas, der an beiden Händen gefesselt ist und seinem grausamen Schicksal nicht mehr entkommen kann, krümmt sich vor Schmerz, er schreit sein Leid aus voller Kehle heraus und blickt uns, die Betrachter des Gemäldes, kopfüber am unteren Bildrand mit weit aufgerissenen Augen an. Sein Mund ist weit geöffnet, man sieht seine Zähne und die Zunge, doch sein wildes Gebaren hilft ihm nicht mehr, auch wenn er uns zu Zeugen seines schrecklichen Schicksals aufruft. Währenddessen sieht ihm Apollo mit ruhiger Gelassenheit ins Gesicht, als täte er das Selbstverständlichste der Welt – ein grausamer Gott, der keine Gnade kennt. Sein Haupt ist mit Lorbeer bekränzt, und sein über die Schulter geworfenes Tuch flattert im Wind.

Es geht hier aber auch um Kreativität und Zerstörung, um das Dionysische und das Apollonische in der Kunst, um das allzu Menschliche und das höhere göttliche Prinzip. Es ist ein durch und durch menschliches Drama einer barbarischen

* https://www.wikiart.org/en/jusepe-de-ribera/apollo-and-marsyas-1637

Tortur, das zugleich göttliche Unangreifbarkeit besitzt. Und nicht nur wir werden zu Zeugen dieses Dramas: Ribera hat im Hintergrund eine Gruppe von Figuren dargestellt, die mit blankem Entsetzen und Unverständnis den göttlichen Racheakt beobachten, als seien sie unser Spiegelbild als Betrachter der Szene auf der anderen Seite.

Ein Meisterwerk ganz gewiss, trotz seiner Grausamkeit.

Echte und falsche Rembrandts

Wir wechseln vom Süden Europas in den Norden, zu Rembrandt. Rembrandt ist sicherlich einer der faszinierendsten und zugleich rätselhaftesten unter den großen Meistern. In den letzten zweihundert Jahren ist sein Werk immer wieder auf Authentizität überprüft worden, bis zum heutigen Tag, wobei sich die Experten größte Mühe geben, sich gegenseitig zu widersprechen. Viele, auch prominente Opfer hat das Rembrandt-Œuvre im Lauf der Zeit erlebt, wie zum Beispiel den *Goldhelm* in der Berliner Gemäldesammlung, der seit seiner Erwerbung im Jahr 1897 durch Wilhelm von Bode, den allmächtigen Berliner Museumsdirektor, der Stolz der Berliner Museen war. Aber die Mitarbeiter des Rembrandt Research Projects sind unerbittlich: Wenn sie zur Überzeugung gelangen, dass ein fragliches Gemälde der neuesten Forschung nach nicht mehr Rembrandt persönlich zuzuschreiben ist, gibt es für sie keine Gnade, auch wenn dies meist mit einem herben Wertverlust für den Eigentümer verbunden ist. Als ich vor einigen Jahren auf dem Schloss einer alten Familie eingeladen war, habe ich den Hausherrn gefragt, ob ich mir seinen Rembrandt ansehen dürfe. (Was nicht sehr taktvoll von mir war, denn ich wusste, dass man das Bild abgeschrieben hatte.) Die Familie hatte das Bild in eines der Schlafzimmer gehängt, nachdem die Rembrandt-Kommission ihr hartes Urteil getroffen hatte. So stand ich nun vor einem sinistren, dunklen Porträt eines Mannes, der sich derart im Schatten befand, dass man ohnehin nichts erkennen konnte. Meinen fragenden Blick beantwortete der Hausherr höchst souverän mit den Worten: Das Bild war nun seit über dreihundert Jahren im Besitz der Familie, jetzt ist es gerade kein Rembrandt, aber in hundert Jahren ist es vielleicht wieder einer!

Ich fürchte, im Fall dieses Porträts werden sich die Dinge kaum so entwickeln wie im Fall der Frick Collection in New York: Unter den über viele Jahre hinweg angezweifelten Bildern von Rembrandt befand sich auch der *Polish Rider** mit der Darstellung eines jungen Mannes zu Pferde (um 1655), dem man alle möglichen Identitäten geben wollte: Einige Kunsthistoriker sagten, es sei der Verlorene Sohn aus dem Alten Testament, andere wieder behaupteten, es sei das Porträt eines bestimmten Mannes, und wieder andere schienen überzeugt, dass es sich um einen namenlosen Kosaken oder um den mongolischen Herrscher Tamerlan handelte. Aber viel wichtiger war die Frage: Ist es nun von Rembrandt oder nicht? Als ich Charles Ryskamp, den damaligen Direktor der Frick Collection, in den späten Neunzigerjahren darauf ansprach, dass man »seinen« *Polish Rider* jetzt Gott sei Dank wieder dem Œuvre des großen Meisters selbst zugeordnet hatte, antwortete er nur augenzwinkernd: *»You know, we never changed the label!«*

Wir hingegen müssen uns hier nicht mit Zuschreibungsproblemen herumschlagen, wir können uns einfach dem Genuss dieser herrlichen Bilder von Rembrandt hingeben. Unter den Historienbildern Rembrandts gibt es eine beträchtliche Zahl wunderbarer Werke, obgleich seine große Stärke die Porträtmalerei war. Rembrandt lebte von den Einkünften aus den

* http://collections.frick.org/view/objects/asitem/items$0040:239

Aufträgen einer neuen Schicht stolzer und vermögender Bürger. Historienmalerei war in jener Zeit großer Verunsicherung zwischen Katholizismus und Protestantismus nur dann unangreifbar, wenn man sich Darstellungen aus dem Alten Testament oder der Mythologie widmete. An die »katholischen« Themen des Neuen Testaments, in denen unweigerlich die Muttergottes oder andere Heilige auftauchten, wagte man sich in dieser Zeit der Gegenreformation allenfalls im katholisch gebliebenen Flandern, kaum aber im protestantischen Holland.

Rembrandt war offenbar ein sehr gläubiger Mensch. Seine Darstellungen religiöser Begebenheiten sind von tiefer Ergriffenheit geprägt. Das, wofür ihn die Kunstkritiker aller Zeiten immer besonders gelobt haben, kommt bei diesen Darstellungen am besten zur Geltung: Seine Bilder sind hoch emotional, die menschlichen Gefühle greifbar, und darüber lassen sich seine religiösen Historienbilder am besten erfassen.

Das Bad der Diana

Anders scheint es bei den Darstellungen aus der Mythologie. Hier gibt sich Rembrandt durchaus humorvoll, als würde er die alten Geschichten der antiken Götter nicht so ernst nehmen.

Wir alle kennen den wunderbaren Ganymed aus den Dresdner Kunstsammlungen, der als kleiner Junge von Zeus in der Form eines Adlers hoch in den Himmel hinauf entführt wird. Der kleine Bub, zu Tode erschrocken, schreit aus vollem Herzen und muss vor lauter Angst Wasser lassen!*

* https://en.wikipedia.org/wiki/The_Abduction_of_Ganymede#/media/File:Rembrandt_-_The_Abduction_of_Ganymede_-_Google_Art_Project.jpg

In einer weiteren Geschichte aus Ovids *Metamorphosen* lässt uns Rembrandt an seinem Humor teilhaben: In einer der bedeutendsten deutschen Privatsammlungen, die jedoch Besuchern offensteht, im Wasserschloss Anholt, dem Sitz der Fürsten zu Salm-Salm, wird Rembrandts *Bad der Diana mit Aktäon und Kallisto* (um 1635) aufbewahrt.*

Wie Rembrandts *Entführung der Europa* im Getty-Museum**, das ebenso humoristische Züge aufweist, ist das Anholter Bild in eine Landschaft gebettet, was in Rembrandts Mythologien äußerst selten vorkommt. Der große niederländische Künstler hat hier gleich zwei unterschiedliche Geschichten aus den *Metamorphosen* in einem Bild vereinigt: Die rechte Seite des Bildes beherrscht die Szene der Geschichte der Kallisto, eine der Lieblingsnymphen der Diana, die auch die Göttin der Keuschheit ist. Somit waren alle ihre Gefährtinnen ebenso der Keuschheit verpflichtet. Kallisto jedoch konnte sich der Avancen von Jupiter nicht erwehren, der sie begehrte und prompt schwängerte. Kallisto, zutiefst beschämt, versucht ihre Schwangerschaft zu verbergen. Als Diana und ihre Gespielinnen zum Bad an einen Fluss gehen, wird sie jedoch entdeckt.

Dieser Augenblick ist hier festgehalten. Eine Schar von Nymphen hat sich wie ein Knäuel von Leibern um die arme Kallisto gedrängt, die verzweifelt ihr Gewand verteidigt, aber die anderen Nymphen sind gnadenlos. Zankend und lachend und feixend zugleich, reißen sie ihr die Kleider vom Leib und suchen die Aufmerksamkeit Dianas auf diesen Frevel zu ziehen.

* https://de.wikipedia.org/wiki/Das_Bad_der_Diana_mit_Akt%C3%A4on_und_Kallisto

** http://www.getty.edu/art/collection/objects/882/rembrandt-harmensz-van-rijn-the-abduction-of-europa-dutch-1632/

Jede einzelne Nymphe zeigt auf diesem Bild ihre Gefühle: Eine steht über der Szene der erzwungenen Entkleidung und hält sich vor Schadenfreude lachend den Bauch, zwei sind in Streit geraten und ziehen sich an den Haaren, eine hält, die Augen vor der Sonne verdeckend, Ausschau nach der Göttin; und alle anderen zerren – teils mit Freude, teils mit Abscheu – am Gewand der Schwangeren, die sich der Attacken ihrer Kolleginnen nicht erwehren kann.

Währenddessen ist Diana (immer gut zu erkennen am Sichelmond in ihrem Haar) weiter links im Bild mit anderen Sorgen beschäftigt: Soeben steigt sie ins Wasser, als sie bemerkt, dass sie und ihre Damen von einem jungen Jäger mit seinen Hunden beobachtet werden. Diana, mehr verwundert als verschreckt, blickt dem Mann streng entgegen und wird in der nächsten Sekunde den selbst überraschten Eindringling mit Wasser bespritzen. Die anderen Nymphen in ihrer unmittelbaren Umgebung wenden sich erschrocken ab, verstecken sich hinter der Göttin oder wollen ins Wasser abtauchen. Eine Nymphe im linken Vordergrund hat sich schon tiefer ins Wasser gewagt und watet darin, mit über dem Wasser erhobenen Armen, als wollte sie uns mitteilen, dass ihr das Wasser eigentlich viel zu kalt sei.

Der arme Jägersmann ist erschrocken über diese unverhoffte Begegnung, und er sollte sie ja auch bald bitter bereuen: Diana wird ihn in einen Hirsch verwandeln. Man sieht, dass die Verwandlung bereits ihren Anfang genommen hat: Ein kleines Gehörn beginnt zwischen seinen Haaren zu sprießen. Schließlich wird Aktäon von seinen eigenen Hunden zu Tode gejagt.

Rembrandt hat offensichtlich auch diese Geschichte nicht ganz ernst genommen. Es kann durchaus sein, dass er dieses Bild zum Vorwand genommen hat, nackte Frauenkörper zu zeigen, weit davon entfernt, sie zu idealisieren. Das war durchaus mutig für die erste Hälfte des 17. Jahrhunderts, eine Zeit, die den nackten Körper, vor allem den entblößten Frauenkörper, als anstößig und peinlich ansah, vor allem im protestantisch reformierten Teil Europas.

Mit dem Bild erweist sich Rembrandt als ein Maler, der durchaus mit den Konventionen brechen konnte und trotz seiner Frömmigkeit ein freies und sehr emotionales Leben führte. Die intimsten Zeugen seines innersten Wesens sind seine Selbstporträts, auf die wir noch kommen werden. Bevor wir uns jedoch der Gattung der Porträtmalerei zuwenden, muss ich auf Rubens zu sprechen kommen.

Madonna im Blumenkranz

Es ist schwierig, aus der Fülle des Œuvres von Rubens ein oder zwei Beispiele auszusuchen. Rubens ist ein Gigant, und dies in so gut wie allen Gattungen. Es gibt zutiefst religiöse ebenso wie fröhliche mythologische Darstellungen. Die Porträtmalerei beherrschte er wie sehr wenige in der Geschichte der Kunst; die Genre-, sogar die Landschaftsmalerei bieten hinreißende Beispiele, und auch in der Stillleben-Malerei kennen wir grandiose Bilder von ihm, wobei er hier öfter mit Kollegen wie Jan Brueghel und Frans Snyders zusammengearbeitet hat.

Auf eine solche Kooperation möchte ich hier zunächst die Aufmerksamkeit lenken: Peter Paul Rubens' und Jan Brueghels d. Ä. *Madonna im Blumenkranz* in der Alten Pinakothek.* Wenn ich mir ein Bild mit der Darstellung von Madonna und Kind aussuchen dürfte, würde ich dieses wählen. Viel-

* https://www.pinakothek.de/kunst/peter-paul-rubens/madonna-im-blumenkranz

leicht auch, weil ich es seit meiner Kindheit kenne und ich mit dem Bild so vertraut bin.

Es ist ein Bild im Bild: Die Mutter hält ihr Kind, das aufrecht auf ihrem Schoß steht und uns anblickt, während sie die Augen nach unten zur Wiege richtet, aus der sie den Knaben offenbar gerade herausgeholt hat. Die Szene ist mit einem schwarzen Rahmen umgeben, und es ist, als stünden Mutter und Kind in einer Nische in einer Wand. Es handelt sich jedoch um eine optische Täuschung, denn man erkennt, dass der gemalte und zur Komposition gehörende schwarze Rahmen nach oben an einem roten Band aufgehängt wurde. Umrahmt wird dieses Bild von einem reich gewundenen Blumenkranz, Blüte an Blüte aus allen Jahreszeiten, die gar nicht gleichzeitig blühen können, sich jedoch hier vereinen, um dem Kind zu huldigen. Der Blumenkranz wiederum wird von einer Vielzahl von Engeln umgeben, die sich höchst lebendig um das Bild scharen, miteinander agieren oder an den Blüten zupfen.

Peter Paul Rubens und Jan Brueghel haben in der Entstehungszeit des Bildes, die um 1616/1618 angegeben wird, beide in Antwerpen gelebt, und ihre Werkstätten waren nicht weit voneinander entfernt. Untersuchungen des Bildes zufolge hat Rubens als Erstes Mutter und Kind in die Nische gesetzt, sodann den Raum für den Blumenkranz freigehalten und die Engel gemalt. Anschließend wurde das Bild in der Werkstatt von Jan Brueghel, dem Meister der Blumen-Stillleben, mit dem Blütenkranz versehen.

Die Putti folgen in diesem Bild einem Typus, den man von anderen Bildern Rubens' wiedererkennt und den er maßgeblich miterfunden hat. Er erinnert an die Porträts seiner Kinder. Eines der schönsten, das Porträt seiner Tochter Clara Serena, befindet sich in der Sammlung des Fürsten zu Liechtenstein. Meist sind die Kinder blond gelockt, nach heutigen Begriffen etwas übergewichtig, mit entzückenden Speckfalten. (Was, wie wir sehen werden, offenbar das Schönheitsideal der Frauen jener Zeit trifft.) Die Engel oder Putti sind genauso, wie man sie sich vorstellt. Während die Engelskinder höchst vergnügt und spielerisch um den Blumenkranz schweben, steht der kleine Jesusknabe ganz aufrecht und ernsthaft, allenfalls ein wenig milde lächelnd, auf dem Schoß der Mutter. Er blickt den Betrachter direkt an, als wollte er seine rechte Hand, mit der er sich an der Mutter festhält, jeden Augenblick zum Segen erheben, wie man es von anderen Darstellungen her kennt. Aber das genau macht hier bei Rubens den Unterschied aus: Natürlich weiß man, dass es sich um die Muttergottes und den Jesusknaben handelt, aber er stellt sie so dar, als seien sie ganz normale Menschen, eine Mutter mit ihrem Kleinkind. Eigentlich werden sie erst durch den Blumenkranz und die Engel zu dem, was sie sind.

Der Liebesgarten

Unter den vielen Bildern von Rubens in den Sammlungen des Prado sticht für mich eines heraus: *Der Liebesgarten.** Das Bild entstand in den Jahren 1630 bis 1635 und zeigt Rubens auf dem Höhepunkt seiner Schaffenskraft. Es ist ein Gemälde voller barocker Lebenslust und voller Liebe. Und es ist zugleich ein sehr privates Bild: Er hat es für sich und seine zweite junge Frau Hélène Fourment geschaffen. In diesem einen Bild findet sich das ganze reiche Leben des Peter Paul Rubens widergespiegelt.

* https://www.museodelprado.es/coleccion/obra-de-arte/el-jardin-del-amor/8c9e39be-c70c-403a-a386-e7609e7af236

Rubens war als junger Mann nach Italien gegangen und hatte die großen italienischen Meister der Renaissance und die Werke der Antike in sich aufgesogen. Vor allem Tizian hatte es ihm angetan. Er wurde Hofmaler in Mantua, besuchte aber auch Rom, Venedig und Genua. Sehr bald zeigte sich sein diplomatisches Geschick. Mehrmals in seinem Leben pendelte er zwischen Italien, Spanien, den spanischen Niederlanden und England hin und her, für seine diplomatischen Vermittlungen und Erfolge wurde er sowohl von England als auch von Spanien geadelt. In England hieß er seitdem Sir Peter Paul Rubens.

Nach Rückkehr von der ersten Auslandsreise heiratete Rubens Isabella Brandt. Er erwarb eine wichtige gesellschaftliche Position und konnte sich ein großes Haus leisten, ein Palais im Zentrum von Antwerpen, nach seinen Entwürfen im italienischen Stil erbaut. In das zog er bald mit seiner jungen Frau ein, und auch sein Atelier hatte dort seinen Platz. Zeugnis seines Stolzes als reicher Bürger und Ehemann ist sein im Jahr 1609/1610, kurz nach der Hochzeit, entstandenes *Selbstporträt mit Isabella unter der Geißblattlaube.** Er präsentiert sich mit seiner schönen jungen Braut in reichen, höfischen Gewändern, sogar mit einem Degen. Das Führen eines Degens war ja eigentlich dem Adel vorbehalten, aber der junge selbstbewusste Künstler setzte sich darüber hinweg. Die Geißblattlaube, unter der das glückliche Paar sitzt, ist ein Sinnbild für eheliche Liebe und Treue. Auch dies ist ein sehr privates Bild und dennoch weit entfernt vom späteren *Liebesgarten.*

Rubens entwickelte sich zu einem internationalen Malerfürsten, der wie selbstverständlich Aufträge der Kirche und

* https://www.sammlung.pinakothek.de/en/bookmark/artwork/A9xleZEMLW

aller großen Fürsten und Könige Europas ausführte. Seine Werkstatt war voller großer Talente, darunter der junge Anthonis van Dyck. Im Jahr 1626, inmitten seiner aktivsten Tätigkeit als Maler und Diplomat, starb überraschend seine Frau Isabella Brandt. Rubens verkaufte seine geliebte Antikensammlung. Er litt an Gicht, und es schien ihm nicht gut zu gehen. Aber Rubens stürzte sich in die Arbeit. 1629 reiste er als Diplomat wieder nach Madrid, wo er Diego Velázquez traf, den jungen aufstrebenden Stern am spanischen Malerhimmel.

In dieser Madrider Zeit entstanden seine großartigen Kopien nach Tizian. Und es sind herrliche Kopien, die der Malerfürst hier schuf, weil sie Tizian nicht einfach nachahmen, sondern neu interpretieren.* Um so etwas zu können, muss man ein Genie sein.

Zurück in Antwerpen, verliebte er sich in die sechzehnjährige Hélène Fourment, eine Nichte seiner ersten Frau. *Der Liebesgarten*, oder *El Jardín del Amor,* wie das Bild im Prado auf spanisch heißt, ist ein großes Bild, knapp drei mal zwei Meter. Wir wissen, dass es keine Auftragsarbeit war. Das wäre auch kaum denkbar, denn es ist eine einzige Liebeserklärung an Hélène, die er 1630 heiratete. Alle dargestellten Frauen ähneln Hélène, und die Männer könnten durchaus als Selbstporträts des Meisters durchgehen, allerdings wesentlich jünger dargestellt. Denn Rubens ist, als er dieses Bild für seine junge Frau malt, bereits in der zweiten Hälfte seiner Fünfziger, also durchaus ein reifer Herr. Die Ehe mit Hélène scheint für ihn jedoch ein Jungbrunnen zu sein, und der *Liebesgarten* ist seine Liebeserklärung.

* Siehe hierzu den Ausstellungskatalog in der Alten Pinakothek: Reinhold Baumstark, *Rubens im Wettstreit mit Alten Meistern, Vorbild und Neuerfindung,* München 2009.

Ganz links schiebt ein kleiner gefiederter Amor ein höfisch gekleidetes Paar an, als wollte er die beiden drängen, sie sollten sich doch endlich einigen. Beide tragen die Züge des frisch vermählten Ehepaares Rubens. Er hält sie mit einer Hand an der Taille umfasst und drückt ihre Hand mit der anderen, während er sie liebevoll – man könnte auch sagen: liebestrunken – ansieht. Sie scheint noch etwas zögerlich. Auf dem Boden vor ihnen lagert auf der Wiese ein weiteres Paar, er redet auf sie ein, als wollte er sie von seiner glühenden Liebe überzeugen, währenddessen die Angebetete, uns, die Betrachter, nachdenklich, aber lächelnd ansieht. Somit werden wir zu Zuschauern dieser intimen Szene – heute würde man sagen: zu Voyeuren.

Hinter dem Liebespaar sitzen, umschwirrt von geflügelten Amouretten, drei weitere Frauen. Sie symbolisieren die verschiedenen Arten der Liebe: Zunächst ist da die *besonnene* Liebe. Auch sie sieht aus wie Hélène und blickt uns bedachtsam an. Hinter ihr die *ekstatische* Liebe, sie schaut ganz verzückt nach oben, trägt ein kleines Schoßhündchen (ein Hinweis auf die Körperlichkeit der Erregung), angefeuert und ermuntert von weiteren kleinen Engelchen. Endlich die *mütterliche* Liebe, die ein weiteres geflügeltes Kind auf ihrem Schoß hält. Dieser, der mütterlichen Liebe, hat sich von rechts dieselbe Frau genähert, die am linken Bildrand so zögerlich erscheint. Sie trägt das identische blaue Seidenkleid, dieselbe Frisur, kein Zweifel: Es ist dieselbe Frau, die sich offenbar dem Gedanken angenähert hat, zu heiraten und Kinder zu haben. Und schließlich, von der rechten Seite her kommend, betritt ein weiteres Paar die Szene. Er ist bei ihr untergehakt, ganz offensichtlich ein verheiratetes Paar. Sie sind am Ziel. Und das Hündchen zu seinen Füßen ist auch nicht mehr das Schoßhündchen der ekstatischen Liebe, sondern ist zu einem braven Haushund mutiert.

Die Staffage des Hintergrunds ist ebenfalls wohldurchdacht: Über dem verheirateten Paar steht ein Brunnen mit der Brunnenfigur der Juno, der beschützenden Göttin der Ehe, aus deren Brüsten die Milch der Fruchtbarkeit fließt, während zu ihrer Seite zwei weitere Amouretten Pfeile der Liebe abschießen und Blumen über die Köpfe der Jungvermählten streuen. Außerdem ist ein Portikus zu sehen, der exakt jenem Portikus des Rubens-Hauses entspricht: ein Hinweis auf das häusliche Glück, das die junge Braut in ihrem neuen Zuhause erwartet.

Rubens wird für mich immer zu den ganz Großen zählen. Ein Leben voller Leidenschaft, genialem Können und gleichzeitig so vielseitig. Als Künstler in seiner Art unerreicht und als Diplomat ungeheuer geschickt, denn er war ganz offensichtlich in der Lage, mit gekrönten Häuptern vollkommen selbstverständlich umzugehen. Ein eleganter Hofmann ebenso wie ein liebender Familienmensch und ein erfolgreicher Unternehmer. Diesem Mann wäre ich gerne begegnet.

Was Porträts erzählen

Als Museumsbesucher wissen Sie: Ein Porträt kann so vieles mehr sein als einfach nur das Abbild eines Menschen. Und wenn es gut sein soll, ist das schon schwer genug.

Zweimal Karl V.

Ich möchte mit zwei Exempeln beginnen, die an der Schnittstelle zwischen einem Historienbild und einem Porträt liegen: beide von Tizian, beide im selben Jahr entstanden, und auf beiden ist Kaiser Karl V. dargestellt. Und dennoch liegen Welten zwischen diesen beiden Bildern.

Tizian war in einem Venedig groß geworden, das in seiner Jugend noch von den Bellinis beherrscht wurde, insbesondere von Giovanni Bellini. Aber es war Zeit für eine neue Generation, und Tizian tat sich mit einer Gruppe jüngerer Kollegen, darunter Lorenzo Lotto und Giorgione, zusammen. Es folgten viele Aufträge für den aufstrebenden Künstler, aber das Bild, das ihm den größten Ruhm einbrachte, war sein großes Altarbild für die Frari-Kirche in Venedig, das noch heute an Ort und Stelle bewundert werden kann. Von da an wurde Tizian von Auftrag zu Auftrag gereicht. Bereits im Jahr 1533 entstanden mehrere Porträts für Kaiser Karl V.

Im Jahr 1548 wurde Tizian vom Kaiser nach Augsburg gerufen. Zu diesem Zeitpunkt ist Tizian an die sechzig Jahre alt, damals ein reifes Alter. Aber dem Ruf des Kaisers musste man Folge leisten. Karl V. war in Schwierigkeiten. Die Reformation hatte die deutschen Fürsten gespalten, und der Kaiser war aufgerufen, die katholische Einheit des Reiches zu wahren. Er musste in die Schlacht gegen die von der Reformation infizierten Fürsten ziehen. Und er wollte, dass Tizian ihn porträtierte.

Tizian stellt ihn dar, mutig auf seinem Pferd in die Schlacht bei Mühlberg*reitend, als den letzten Ritter Europas, bereit, die katholische Einheit des Reiches zu verteidigen. Karl V. hatte die Schlacht gegen die Schmalkaldische Liga, den Bund der protestantischen Fürsten, gewonnen, und er war sich sicher, als Kaiser und Verteidiger des rechten Glaubens den Sieg errungen zu haben.

Aber der Sieg war nicht von langer Dauer. Es ging den Fürsten nämlich nicht nur um die Religion, sondern um die politische Macht. Und diesen Streit konnte Karl V. nicht gewinnen. Am Ende ließen sich die protestantischen Fürsten nicht unterwerfen, es kam zur Einigung in der Religionsfrage nach dem Prinzip: *Cuius regio, eius religio*: Der Herrscher seines Gebietes konnte die Religion seiner Untertanen bestimmen.

Tizian porträtierte den Kaiser im selben Jahr 1548, nur kurze Zeit nach dem Reiterporträt, noch in Augsburg ein zweites Mal.** Dieses Mal stellte er ihn sitzend dar, auf einem

* https://www.museodelprado.es/en/the-collection/art-work/the-emperor-charles-v-at-muhlberg/e7c91aaa-b849-478c-a857-0bb58a6b6729

** https://www.sammlung.pinakothek.de/de/artist/tizian/kaiser-karl-v

mit rotem Samt bezogenen Armsessel, in einer offenen Loggia, die auf eine weite Landschaft im Hintergrund verweist. Ein einsamer, nachdenklicher Mann sitzt dem Betrachter gegenüber, er blickt uns an, ernsthaft und keineswegs in kaiserlicher oder herrschaftlicher Pose. Er ist auch nicht wie ein Kaiser gekleidet, sondern eher wie ein reicher Kaufmann, schwarz gewandet, mit einem pelzgefütterten Mantel und schwarzem Barett auf dem Kopf. Nur der goldene Anhänger auf seiner Brust identifiziert ihn: Es ist das Goldene Vlies, jenes goldene Fell eines Widders aus der Argonautensage. Der Orden vom Goldenen Vlies wurde zum bedeutendsten Ritterorden des Reiches, dessen Großmeister der Kaiser war. Das ist aber auch schon das einzige Herrschaftszeichen in einem ansonsten sehr privaten Bild. Es ist kein Staatsporträt, sondern zeigt Karl als Mensch, als einen Mann, der seinen Betrachter ernsthaft, nachdenklich, vielleicht sogar niedergeschlagen ins Auge sieht. Tizian war mutig und vor allem sehr ehrlich, als er es wagte, den Kaiser in einem offensichtlichen Augenblick der Schwäche darzustellen. 1548 ist Karl erst achtundvierzig Jahre alt, doch er wirkt älter, und seine schlechte Gesichtsfarbe zeugt von seiner körperlichen und vielleicht auch seelischen Angeschlagenheit. Das Bild scheint fast prophetisch, wenn man weiß, dass der Kaiser sieben Jahre darauf damit begann, von seinen vielen Ämtern und Herrschaftstiteln abzudanken und sein Reich aufzuteilen. Die letzte Zeit verbrachte er im Kloster, wo er, enttäuscht und deprimiert, im Jahre 1558 starb.

Das alles konnte Tizian zehn Jahre zuvor nicht wissen. Und dennoch hat er es vermocht, all das, was noch kommen sollte, im Blick des Porträtierten einzufangen. Wir erkennen es, wenn wir das Bild auf uns wirken lassen.

In seiner Abdankungsrede erklärte der Kaiser: »Ich weiß, dass ich viele Fehler begangen habe, große Fehler, erst wegen meiner Jugend, dann wegen des menschlichen Irrens und wegen meiner Leidenschaften, und schließlich aus Müdigkeit ...« Es gehört Größe dazu, als Herrscher solche Sätze zu sprechen, und es zeugt von der Begabung eines großen Meisters, dies zu erkennen und auf einem Bild festzuhalten.

Die Gesandten

Eines der komplexesten Doppelporträts der Kunstgeschichte hängt in der National Gallery in London: *Die Gesandten* oder *The Ambassadors* von Hans Holbein dem Jüngeren.*

Hans Holbein – aus einer Malerfamilie stammend und zur Unterscheidung zu seinem gleichnamigen Vater »der Jüngere« genannt – verbrachte sein gesamtes künstlerisches Leben zwischen der Schweiz und London. Seine Karriere als bedeutendster Porträtmaler nördlich der Alpen begann in Basel und setzte sich in London fort, wo er Hofmaler des englischen Königs Heinrich VIII. war, bis er 1543 wahrscheinlich der Pest zum Opfer fiel. Sein wichtigstes religiöses Werk ist die *Darmstädter Madonna*, die Holbein im Auftrag des Basler Bürgermeisters Jacob Meyer zum Hasen schuf und die sich heute in der Sammlung Würth befindet.

Holbeins großes, fast quadratisches Doppelporträt der *Ambassadors* ist voller Geheimnisse und versteckter Botschaften.

Das Gemälde ist unten links auf dem reich eingelegten Marmorfußboden signiert: »JOANNES HOLBEIN PINGEBAT 1533«. Dieses Jahr ist in der Geschichte Englands ein ganz besonderes Datum: König Heinrich VIII. wurde seiner

* https://www.nationalgallery.org.uk/paintings/hans-holbein-the-younger-the-ambassadors

ersten Frau Katharina von Aragon überdrüssig, er hatte sich in die Hofdame Anne Boleyn verliebt. Der Papst in Rom konnte und wollte der Annullierung der Ehe nicht zustimmen, was zum Zerwürfnis zwischen der Katholischen Kirche und England führte. Als der Bischof von Canterbury dennoch auf Wunsch des Königs dessen erste Ehe annullierte und Heinrich und Anne Boleyn vermählte, wurden der König und sein Bischof vom Papst exkommuniziert. Daraufhin kam es zur Gründung der Church of England mit dem englischen Monarchen als Oberhaupt.

In diesem Jahr ließen sich zwei Männer von Holbein in London gemeinsam auf einem großen Bild porträtieren. Die beiden verband vieles. Der eine der beiden Herren, im rotseidenen Gewand mit übergeworfenem pelzverbrämten schwarzen Samtmantel, ist Jean de Dinteville, Seigneur de Polisy: der Botschafter Frankreichs am englischen Hof, nach London entsandt, um Heinrich VIII. im Streit mit dem Vatikan der Loyalität und Unterstützung des französischen Königs zu versichern. Stolz trägt er an einer dicken verknoteten Goldkette den französischen Orden des heiligen Michael. Der Botschafter war bei der Hochzeit von Heinrich und Anne anwesend. Wir kennen sein Alter, denn er hat einen vergoldeten, reich ornamentierten Dolch bei sich, auf dessen Scheide eine Inschrift zu lesen ist »AET°SUAE 29«. Auch auf seinen Besitz in Frankreich wird hingewiesen, denn auf einem Globus im unteren Regal zu seiner Rechten erkennt man auf der gelb hervorgehobenen Karte Europas und Frankreichs den Ort Polisy, ein kleiner Ort in der Champagne. Die Karte ist so ausgerichtet, als sei dieser kleine Ort mitten in der französischen Provinz der Mittelpunkt Europas.

Der andere der beiden Herren ist Georges de Selve, der Bischof von Lavaur, einer kleinen Bischofsstadt nicht weit weg von Toulouse. Er weist keine Bischofsinsignien auf, was darauf schließen lassen könnte, dass er sich in geheimer Mission in England befand. Er trägt einen schweren dunklen, mit Nerz gefütterten Mantel und auf dem Kopf das schwarze Barett eines einfachen Geistlichen. Auch sein Alter kennen wir, denn er stützt sich mit seinem rechten angewinkelten Arm auf ein Buch mit der Inschrift »AETATIS SVAE 25«.

Georges de Selve war mit Jean de Dinteville befreundet. Während seines Aufenthaltes in London hat er bei ihm gewohnt, und so entstand wohl die Idee, sich von Holbein gemeinsam porträtieren zu lassen. Zuvor hatte er als einer der ranghöchsten kirchlichen Vertreter Frankreichs am Reichstag von Speyer teilgenommen, an dem die der Reformation zugewandten Fürsten gegen den Kaiser aufbegehren und gegen den Bann, der gegen Luther anlässlich des vorangegangenen Reichstags in Worms ausgesprochen worden war, protestieren wollten (daher der Begriff »Protestanten«). Georges de Selve stand möglicherweise dem protestantischen Gedankengut näher, was auch das Gesangbuch bezeugt, welches im unteren Regal neben ihm liegt: Die aufgeschlagene Seite des Buches deutet offenbar auf ein lutheranisches Psalmenbuch hin.

Seine geheime Mission in England könnte daher gewesen sein, den Versuch zu unternehmen, zwischen der englischen Kirche und dem Vatikan zu vermitteln. Jedenfalls war er in diesem kritischen Jahr 1533 in London, und er hat möglicherweise auch an den Hochzeitsfeierlichkeiten teilgenommen.

Auf dem Regalmöbel zwischen den beiden Herren liegt ein türkischer Teppich, der kurz vor der Entstehung des Gemäldes durch Händler aus dem Osmanischen Reich nach England gekommen sein muss. Es ist der Typus eines anatolischen Teppichs, um 1500 entstanden, wie er immer wieder auf Gemälden von Holbein mit größter Präzision dargestellt wird. Man glaubt, die Knoten zählen zu können. Dieser Typ Teppich wird seitdem »Holbein-Teppich« genannt und erfreut sich unter Teppichsammlern größter Beliebtheit.

Auf diesem Teppich stehen allerlei wissenschaftliche Gerätschaften, Globen, Astrolabien, Pendel und weitere Instrumente, welche die Gelehrsamkeit der beiden Herren illustrieren sollen – Objekte für eine Wunderkammer naturwissenschaftlicher Art, wie es in einer Zeit der Neuentdeckung der Welt, der Renaissance, gerade Mode wurde. Da liegen Geheimnisse auf dem Tisch, die sich nur Eingeweihten eröffnen. Und die beiden Herren gehörten offenbar zu dieser intellektuellen Elite.

Das größte Geheimnis des Gemäldes liegt den beiden Männern allerdings zu Füßen: Eine eigenartige, zunächst unerklärliche, schräg in das Bild eintauchende Form lässt uns rätseln, was wir hier vor uns haben. Wenn der Besucher der National Gallery vor dem Gemälde steht, wird er feststellen, dass die anderen Betrachter des Bildes irgendwann auf die rechte Seite treten. Und dort lüftet sich das Geheimnis: Wenn man *Die Gesandten* von ganz rechts, aus sehr schrägem Winkel, betrachtet, verkürzt sich die zunächst unkenntliche Form zu einem bis ins Detail ausgebildeten Totenschädel.

Eine Anamorphose – eine optische Täuschung, die eine andere Gestalt einnimmt, wenn man den Blickwinkel verändert. Dieser Totenschädel symbolisiert nichts anderes als eine Mahnung an die Vergänglichkeit alles menschlichen Seins. Natürlich gibt es weitere berühmte Stillleben mit Darstellungen von Totenschädeln als Memento mori, aber keine andere Darstellung ist derart gekonnt wie diese wohl berühmteste Anamorphose der Kunstgeschichte.

Las Meninas

Von London reisen wir zu einem Gruppenporträt in Madrid: zu einem der berühmtesten Gemälde der Welt, *Las Meninas* von Diego Velázquez.*

Las Meninas ist eines der am häufigsten und intensivsten beschriebenen Bilder der Kunstgeschichte. Auf welche Weise sollte man sich diesem überwältigenden Kunstwerk nähern, um die vielen Bedeutungsebenen halbwegs zu verstehen?

Zunächst scheint es so, als wäre die gesamte Architektur des Prado auf dieses eine Bild ausgerichtet. Wenn man die große Galerie im oberen Stockwerk des Museums betritt und das Staunen über Tizian, Tintoretto und Rubens kein Ende nehmen will, öffnet sich zur Linken der große Velázquez-Saal, und man geht frontal auf dieses Prunkstück zu. Meistens ist es von Besuchertrauben umstellt, und ganze Schulklassen umlagern dieses Meisterwerk, das als Höhepunkt eines jeden Prado-Besuchs gilt. Man muss also versuchen, zu einem ruhigeren Zeitpunkt in den Saal zurückzukehren, um sich in das Bild vertiefen zu können.

Allein schon die Maße des Bildes – knapp 3,2 Meter in der Höhe und fast 2,8 Meter in der Breite! Aber es ist nicht nur die Größe, die uns fasziniert. Velázquez hat hier etwas geschaffen, das einzigartig und weit mehr als ein Porträt der königlichen Familie ist.

Im Zentrum des Bildes steht die kleine Infantin Margarita, die sehr selbstbewusst den Betrachter direkt ins Auge schauend von ihren Hofdamen, den *Meninas*, umgeben ist. Sie sollte später mit ihrem Wiener Onkel und Cousin Leopold

* https://www.museodelprado.es/en/the-collection/art-work/las-meninas/9fdc7800–9ade-48b0-ab8b-edee94ea877f

verheiratet werden, der als Leopold I. zum Kaiser gekrönt wurde. Vor uns steht demnach eine zukünftige Kaiserin, die sich ihrer Stellung als Infantin von Spanien durchaus bewusst war. Sie war im Jahr 1656, als Velázquez das Gruppenporträt schuf, gerade erst fünf Jahre alt und dennoch mit Leopold bereits verlobt. Huldvoll und vollkommen selbstverständlich nimmt die kleine Prinzessin alle Ehrbezeugungen entgegen. Eine ihrer Hofdamen reicht ihr auf einem Tablett einen kleinen roten Becher, während die andere Hofdame zu einem Hofknicks ansetzt. Zwei Hofzwerge, die mit aufwendigen Kostümen gekleidet sind, gehören ebenfalls zur Entourage. Während die kleine Hofdame den Betrachter ebenso überrascht wie direkt anschaut, versucht der kleine Bub mit seinem Fuß den vor ihm liegenden, offenbar etwas schläfrigen Hund zu ärgern. Hinter der Figurengruppe, die sich um die Infantin schart, wachen eine weitere ältere Hofdame im Nonnengewand und ein Majordomus.

In einigem Abstand steht ein weiterer Mann in der Türe und will offenbar die Szene verlassen.

Die dominante Figur ist jedoch, neben der Infantin, kein anderer als Velázquez selbst, der, mit Pinsel und Palette in seinen Händen, von seinem Werk hinter der aufgestellten Leinwand hervorschaut. Er fühlt sich offenbar gestört in seiner ehrenvollen Aufgabe, die Infantin mit ihren Hofdamen zu malen, denn nichts anderes kann es sein, was auf dieser großen Leinwand entsteht, deren Rückseite wir sehen. Velázquez fängt diesen Augenblick ein, als hätte sich der Hoffotograf eingefunden, um die Szene festzuhalten. Ein Blick auf den Hintergrund der großen Leinwand erklärt alles: Wir erkennen in einem gerahmten Spiegel die Reflexion des Königs und der Königin, Philipp IV. und Königin Maria Anna (oder Mariana, wie man in Spanien sagt). Wir erkennen, dass das Königspaar soeben den Raum betritt und im

Spiegel auftaucht. Das ist der Grund, warum die Hauptpersonen so reagieren, wie sie reagieren: Sie sehen das königliche Paar eintreten und verhalten sich entsprechend. Der Maler hält inne und blickt verwundert und geehrt zugleich hinter seiner Leinwand hervor. Seine Auftraggeber, der König und die Königin, sind nicht zufällig vorbeigekommen. Sie wollen sich den Fortschritt des gewagten Gemäldes ansehen, in dem sich ihr Hofmaler zugetraut hat, erstmals ein riesiges Gruppenporträt zu schaffen, mit ihrer Tochter im Mittelpunkt, der Infantin und Thronfolgerin Spaniens und zukünftigen Kaiserin. Die kleine Infantin reagiert neugierig und eher gelassen, was für ein fünfjähriges Mädchen ungewöhnlich erscheint. Die vor ihr kniende Hofdame hat noch nichts bemerkt, die andere setzt zum Hofknicks an. Die kleine Zwergin scheint ebenfalls überrascht, während der kleine Hofknabe seinen Fuß auf den schläfrigen Hund setzt, der möglicherweise im nächsten Moment auf den Besuch reagieren wird. Und schließlich der Hofmann, der den Raum verlassen wollte und bereits in der Türe stand: Er hält inne, als er das Königspaar erblickt, und wird wohl im nächsten Moment wieder umdrehen und zurückkehren.

Las Meninas ist weit mehr als ein Bild im Bild. Dieser präzise Augenblick, den Velázquez hier wie mit der Momentkamera einfängt, gerät zu einem großen dreidimensionalen Werk. Die Spiegelung des königlichen Paares lässt den Betrachter eins werden mit dem soeben in das Geschehen eingreifenden Königspaar! Auf einem ganz bestimmten Punkt, etwa drei bis vier Meter etwas rechts vor der Mitte des Bildes, befindet sich der Betrachter perspektivisch genau auf dem Punkt, an dem das Königspaar stünde. Velazquez bezieht den Besucher und Betrachter des Bildes mit diesem Trick in das Geschehen ein, wir werden zu Mittätern des Schauspiels vor unseren Augen. Und dann, wenn man auf diese Weise in das Bild hineingezogen wird, bezieht sich jede Regung, jeder Blick der Protagonisten direkt auf den Betrachter, auf uns.

Als ich einmal den Velázquez-Saal betrat, stand auf exakt diesem perspektivisch richtigen Punkt ein kleiner Junge, der laut und stolz ausrief: *»Ahora yo soy el Rey!«* Jetzt bin ich der König! Damit hatte er die Essenz des Bildes genau begriffen.

Es kann uns daher kaum verwundern, warum dieses Meisterwerk immer wieder als eines der bedeutendsten Kunstwerke der Kunstgeschichte bezeichnet wurde – und warum viele Jahre später kein Geringerer als Manet in einem Brief aus Madrid an seinen Freund und Malerkollegen Henri Fantin-Latour von Velázquez in höchsten Tönen schwärmte: »Lieber Freund: Wie sehr wünschte ich mir, Du wärest hier, und welche Freude Du erlebt hättest, wenn Du Velázquez gesehen hättest; er alleine ist die Reise wert … Er ist der Maler der Maler!«

Bei beiden Bildern, *The Ambassadors* und *Las Meninas,* lohnt es sich, verschiedene Blickwinkel auszuprobieren, mit unterschiedlichen Blickachsen zu experimentieren, um möglichst viele raffinierte Details zu erfassen.

Dürers Selbstporträt

Vom Prado zurück nach München in die Alte Pinakothek, zum *Selbstporträt* Albrecht Dürers, einer der großen Ikonen der Malerei nördlich der Alpen.*

Manchmal wünschte man sich, es gelänge, sich völlig unbefangen und ohne weitere Vorkenntnisse vor ein Gemälde

* https://www.pinakothek.de/kunst/meisterwerk/albrecht-duerer/selbstbildnis-im-pelzrock

zu stellen und zu betrachten, was darauf zu sehen ist. In diesem Fall könnte ein unvorbereiteter Besucher glauben, er stünde vor einer Christus-Darstellung, vor dem Erlöser. Das ebenmäßige Gesicht, die klaren Augen, die schulterlangen gelockten Haare, der gepflegte Bart mit den zusammengezwirbelten Schnurrbartspitzen, die Hand vor der Brust… Aber spätestens jetzt bemerkt der Betrachter, dass es nicht Jesus Christus sein kann, denn der Mann trägt einen feinen pelzgefütterten Mantel.

Das Bild ist ein äußerst ungewöhnliches Selbstporträt. Es gibt ganze Traktate über die Konstruktion des Gesichtes, mit Goldenem Schnitt und idealen Linien, die der Komposition zugrunde liegen. Dieser perfekten Ausgewogenheit ist es zu verdanken, dass es sich in jeder Beziehung um ein »ideales« Porträt handelt, das tatsächlich aussieht wie Albrecht Dürer und gleichzeitig wie eine Christus-Darstellung.

Der Pelzrock schließlich macht deutlich, welchem gesellschaftlichen Rang sich der Meister selbst zuordnen möchte: der Oberschicht seiner Heimatstadt Nürnberg. Der Pelz war eigentlich nur dem Adel oder den großen und mächtigen Kaufleuten und Ratsherren erlaubt (Ratsherr der Stadt Nürnberg wurde Dürer zwar, aber zu einem späteren Zeitpunkt). Und wie wichtig erscheint in diesem selbstbewussten Selbstbildnis der Pelz, denn jedes einzelne Haar ist genauestens auf die Leinwand gebannt.

Die fein und sensibel dargestellte Hand, deren Finger den weichen Pelz des Kragens umfassen, ist der Hinweis auf sein Handwerk als einer der großen Meister der Malerei seiner Zeit, dessen höchstes Kapital seine Hände und seine Augen sind. Und diese Augen sind von einer klaren Eindringlichkeit. Dürer schaut dem Betrachter direkt ins Auge (auch wenn er einen leichten Silberblick zu haben scheint, was wohl dem Umstand zu verdanken ist, dass er mit einem Auge in den vorgehaltenen Spiegel schauen musste, während er sich porträtierte). Er lässt den Blick nicht los, eindringlich und suchend zugleich, als wollte er nicht nur betrachtet werden, sondern erkennen, wer vor ihm steht und ihn, den großen Meister von Nürnberg, sehen will. Genau auf der Höhe dieser eindringlichen Augen sieht man links sein berühmtes Monogramm mit der Jahreszahl 1500 und rechts die Beschriftung auf Latein: *Albertus Durerus Noricus / ipsum me propriis sic effin / gebam coloribus aetatis / anno XXVIII.*: »So schuf ich, Albrecht Dürer aus Nürnberg, mich selbst in naturgetreuen Farben im Alter von 28 Jahren.«

Mehr Selbstbewusstsein und Stolz auf das eigene Können und seine Position als Künstler und angesehener Bürger seiner Stadt geht nicht.

Rembrandts Selbstporträt mit den zwei Kreisen

Ein letztes Beispiel für ein Meisterwerk der Porträtkunst. Besucht man im Norden Londons Kenwood House, am Rande von Hampstead Heath gelegen, hat man Gelegenheit, nicht nur eine der schönsten Schöpfungen des englischen Klassizismus von Robert Adam zu bewundern, sondern auch eine einmalige Bildersammlung, die ursprünglich aus dem Besitz der Bierbrauerfamilie Guinness stammt. Von Vermeer bis Frans Hals, von Boucher bis Gainsborough sind hier große Maler und Bilder vereint, und hier findet sich auch eines der aufregendsten Selbstbildnisse: Rembrandts *Selbstporträt mit den zwei Kreisen.**

Fast jedes Jahr seit den späten Zwanzigerjahren des 17. Jahrhunderts bis kurz vor seinem Tod im Jahr 1669 hat sich Rem-

* http://www.rembrandtpainting.net/slf_prtrts/two_circles.htm

brandt der Prozedur unterzogen, sich selbst zu porträtieren – in guten und in schlechten Zeiten und immer mit kritischem Auge. Man glaubt in den Porträts Rembrandts ganzes Leben verfolgen zu können: den Aufstieg zu einem berühmten Meister; die Schicksalsschläge mit dem frühen Verlust seiner Kinder und dem Tod seiner geliebten ersten Frau; seine Verschuldung, die große Armut und die Verbitterung der letzten Jahre: Erfahrungen, die sich in sein Gesicht eingegraben haben. Manchmal dominieren seine wirren Haare, oder er trägt ein Barett oder einen Turban. Das Selbstbewusstsein, welches er als junger Mann und auch durchaus noch in mittlerem Alter ausdrückt, weicht mit zunehmendem Alter seinem Gram und seinen Selbstzweifeln. Manchmal scheint es, als sei er von einer tiefen Traurigkeit erfasst. Dieser Blick, als würde er alles preisgeben und zugleich alles verbergen wollen: Melancholie, Weisheit, Selbstbewusstsein und Resignation zugleich. Und dann noch dieser speckige Fleck auf der Nasenspitze.

Es sind durch und durch ehrliche Selbstbildnisse, die keinesfalls zur Repräsentation gedacht sind, sondern ein Spiegel des Malers selbst. Rembrandt ist und bleibt der Meister der Gefühle.

Das Porträt aus Kenwood ist für mich ein ganz besonderes. In seiner Spätphase hat Rembrandt die bei seinen Zeitgenossen so geschätzte Feinmalerei, die auch ihn in früheren Jahren auszeichnete, endgültig verlassen. Sein Stil wandelt sich vollkommen, der Pinselstrich wirkt sehr offen, fast impressionistisch, lange bevor es diesen Begriff in der Malerei überhaupt gab. Er wurde dafür auch kritisiert; manche seiner Kritiker sagten sogar, Rembrandt habe das Malen verlernt. Mit diesem Porträt will er in erster Linie sich selbst etwas beweisen (für das breitere Publikum waren seine Selbstporträts ohnehin nie gedacht): Zum einen zeigt er sich – und uns –, dass er auch mit groben Pinselstrichen durchaus in der Lage ist, auf höchst sensible Weise den ganzen Charakter des Menschen zu beschreiben, seine Gefühle, seine Gedanken, seine Einsamkeit. Und es ist, soweit ich weiß, Rembrandts einziges Selbstporträt mit Palette und Pinseln, als wollte er seinen Kritikern signalisieren: Seht her, ich bin Maler, ein Meister meines Fachs! Und wie um zu demonstrieren, dass er nach wie vor über eine sichere Hand verfügte, malte er im Hintergrund, hinter sich, zwei perfekte Kreise, ganz offensichtlich ohne Hilfsmittel, und ohne sie zu verzittern. Ein Ausrufezeichen des ihm verbliebenen Stolzes: Seht her, ich kann es noch!

Dieses Bildnis ist sehr anrührend. Steht man lange genug davor und sieht man dem Meister lange genug in die Augen – und er hält jedem noch so intensiven Blick stand! –, dann meint man, Rembrandt verstanden zu haben.

Allein deswegen lohnt sich der Weg nach Kenwood.

Wie aus Alltagsszenen große Kunst entsteht

Die Genremalerei galt – nach der Historienmalerei und dem Porträt – als die dritte Stufe in der Hierarchie der Malereigattungen. Im Allgemeinen handelt es sich hierbei um Alltagsszenen, die aber meistens nur beispielhaft eine alltägliche Szene darstellen. Meist verbirgt sich dahinter eine tiefere Aussage, die moralisierender Natur sein kann und oft verschlüsselte Bedeutungen beinhaltet.

Aber es geht natürlich auch einfacher: Wenn etwa Eduard Grützner, ein beliebter Maler der Münchner Schule des 19. Jahrhunderts, einen genüsslich seine Pfeife rauchenden Bauern oder einen Wein trinkenden Mönch darstellt, dann war darin nicht viel Symbolik verborgen, sondern es war eine gut gemalte Beschreibung dessen, was er beobachtet hatte – oder, seiner Weltanschauung entsprechend, was er beobachten wollte. Er wollte einen Prototyp darstellen, da der geltenden Meinung nach ein Bauer nach getaner Arbeit gerne vor seinem Bauernhaus Pfeife raucht und ein Mönch nun mal gerne Wein trinkt.

So ähnlich ist es auch bei den Szenen raufender Bauern eines David Teniers, eines Adriaen van Ostade oder eines

Adriaen Brouwer, denen es im Holland des 17. Jahrhunderts offenbar besonderes Vergnügen bereitete, derbe Szenen zu malen. Nicht nur das: Ganz offensichtlich waren diese unter der holländischen Sammlerschaft erfolgreicher Kaufleute auch gut zu verkaufen. Die Darstellung menschlichen Fehlverhaltens und diverser Laster bis hin zur Hässlichkeit muss in jener Zeit besonders beliebt gewesen sein.

Murillo: Die Trauben- und Melonenesser

Zu allen Zeiten populär waren die Darstellungen von Kindern. Aber es gibt in der gesamten Kunstgeschichte niemanden, der Straßenkinder so lebendig und gleichzeitig in ihrer Verwahrlosung so schön und anmutig darstellt wie Bartolomé Esteban Murillo aus Sevilla. Die Alte Pinakothek in München kann sich glücklich schätzen, nicht weniger als fünf dieser berühmten Kinderszenen zu besitzen. Eine davon, mir die liebste, möchte ich hier beschreiben: *Die Trauben- und Melonenesser* (um 1645).*

Die dargestellten Buben mögen noch so schmutzig und ihre Kleidung mag noch so zerfetzt sein, ihre Füße noch so dreckig – und dennoch vermag es Murillo, sie als glühende Beispiele kindlicher Lebensfreude vorzuführen. Man will sich von der offen zur Schau getragenen Armut, dem Straßenstaub, in dem diese Kinder hausen, nicht abwenden, vielmehr ist ihre Freude an den kleinen Dingen des Lebens geradezu ansteckend.

Die zwei Buben in unserem Bild lebten in einer keineswegs guten Zeit in Sevilla, der Hauptstadt Andalusiens. Mitte

* https://www.pinakothek.de/kunst/bartolome-esteban-murillo/trauben-und-melonenesser

des 17. Jahrhunderts befand Sevilla sich im wirtschaftlichen Niedergang. Die großen Zeiten, in denen unten am Hafen des Guadalquivir ein Schiff nach dem anderen anlegte, voll beladen mit Gold und Silber, den Schätzen der amerikanischen Kolonien, waren vorbei, vor allem als die Pest wütete und die Hälfte der Bewohner der Stadt dahinraffte. Viele Bürger, die es sich leisten konnten, zogen nach Norden, nach Madrid – darunter auch manche von Murillos Kollegen wie etwa Zurbarán, der sich am königlichen Hof niederließ. Murillo blieb seiner Stadt treu, und er erhielt weiterhin einen Auftrag nach dem anderen, um die Kirchen und Klöster der Stadt zu verschönern. In Zeiten der Not nahm die Bedeutung der Kirche in Spanien und in Andalusien und gleichzeitig auch die Religiosität der Bevölkerung weiter zu. Es gibt heute in Sevilla kaum eine Kirche oder ein Kloster, in dem sich nicht ein bedeutendes Werk von Murillo befindet. Und immer wieder glaubt man zu sehen, wie der Meister bei seinen Darstellungen von Heiligen und Szenen aus der Bibel seine Modelle im Alltag der Menschen der Stadt fand.

Unsere beiden Buben hocken an einer Mauer und erfreuen sich an der essbaren Beute, die ihnen zugeflogen ist. Ein Weidenkorb voller weißer und roter Trauben und eine große Honigmelone sind die Schätze, die sie sich jetzt brüderlich und genüsslich teilen. Glücklich sehen sie einander an, während der eine sich voller Lust die Trauben in seinen Mund hängen lässt und der andere dicke Scheiben aus der Melone schneidet. Die Schale hat er abgeschnitten und seinem Freund ein Stück gegeben, während er mit vollem Munde kaut und dabei achtlos Schalen und Kerne auf den Boden wirft. Er bemerkt auch nicht, dass sich zwei Fliegen auf seiner Melone niedergelassen haben und die süße Speise ebenso genießen.

Die Hosen, Hemden und Jacken der beiden Bettelkinder sind zerfetzt. Ihrem offensichtlichen Elend zum Trotz strahlen sie eine Lebensfreude aus, die geradezu ansteckend ist. Sie sind arm und zerlumpt, aber sie erleben ihre glücklichen Momente.

Doch Murillo zeigt die Buben nicht bei der Arbeit, bei der es nicht immer so fröhlich zugegangen sein kann. Wahrscheinlich waren sie kleine Lastenträger oder Botenjungen, die mit ihren Körben vom Markt zu den Häusern der reicheren Leute unterwegs waren und von der Hand in den Mund lebten. Das wird auch Murillos Botschaft gewesen sein: Auch wenn du nichts hast, wenn du arm und zerlumpt bist wie meine Straßenjungen, du kannst dennoch glücklich sein und musst nicht an der Welt verzweifeln, so grausam sie auch sein mag.

Murillo setzt hier ganz bewusst auf die Emotionen, die er beim Betrachter seiner Bilder weckt, bei seinen kleinen Genreszenen genauso wie auf den großen Heiligenbildern, was letztlich zu seiner Beliebtheit bei den Auftraggebern geführt hat. Murillos Bilder sind anrührend. Er besaß die Gabe, mit seinen Bildern Trost zu spenden, nicht nur in den großen offiziellen Werken in den Kirchen, sondern auch in seinen kleinen privateren Szenen.

Und er war tief religiös. Murillo hatte es im Lauf seines Lebens durch seine Aufträge zu einigem Wohlstand gebracht, aber sein Leben lang freigebig Almosen gespendet, sodass er im Alter als verarmt galt. Und er erlitt den tragischen Tod eines echten Künstlers: Während eines Auftrags stürzte er aus der Höhe eines Gerüsts in die Tiefe und starb an den Folgen.

Ich denke, auch die Kinderszenen zeugen von Murillos tiefer Religiosität. So viel anders sehen seine Johannes- und Jesusknaben auch nicht aus, die Grenzen zwischen Historienbild und Genredarstellung sind fließend. Die beiden Knaben beispielsweise erscheinen teils identisch, teils als Typus auf den Heiligenbildern in der Kirche der Santa Caridad, in den großen Darstellungen der Sieben Werke der Barmherzigkeit. Murillo hatte ihnen nur die Füße gewaschen, sie gekämmt und anständig gekleidet, schließlich standen sie unter dem gütigen Auge der Mutter Maria – und oft auch des zwar ebenso gütigen, manchmal aber auch etwas streng blickenden Joseph.

Jean-François de Troy: Das Austernfrühstück

Aber Genremalerei geht auch höfisch, und eines der besten Beispiele hierfür befindet sich in der Bildergalerie des Château de Chantilly außerhalb von Paris. Dieses prachtvolle Schloss befand sich im Besitz des Duc d'Aumale, eines Sohnes von König Louis-Philippe, und ist allein schon wegen seiner einmaligen Architektur und seiner Lage, von Wasser umgeben, einen Besuch wert. Aber natürlich vor allem wegen seiner fabelhaften Bildersammlung, die der Herzog sein Leben lang zusammengetragen hat – die zweitgrößte Frankreichs nach dem Louvre.

Neben Werken von Raffael, Piero di Cosimo, Veronese und des französischen 18. und 19. Jahrhunderts ist hier auch die originale, dichte Hängung aus der Zeit des Duc D'Aumale zu bewundern, die seit damals unverändert blieb. Es ist ein wunderbares Beispiel für die sogenannte Petersburger Hängung: Wie getrieben vom *horror vacui,* hängen dort die Bilder dreifach übereinander, Rahmen an Rahmen, so wie es im 19. Jahrhundert und den Jahrhunderten zuvor üblich war. In den Schlössern in Sankt Petersburg kann man die originale barocke Hängung, Bild an Bild, Rahmen an Rahmen, noch heute bewundern. Aber man muss gar nicht so weit reisen:

Auch in Schloss Schleißheim oder in der Münchner Residenz hat man die ursprüngliche dichte Hängung belassen.

Die barocke Hängung repräsentiert eine andere Art des Sehens. Unsere heutigen Sehgewohnheiten verlangen eher, einem bedeutenden Bild mehr Raum zu geben, und man kombiniert dabei Bilder mit einer ähnlichen Darstellung. Die barocke Hängung hingegen betont schon durch die schiere Menge den Reichtum der Sammlung und sortiert eine Wandabwicklung größenmäßig, um eine Symmetrie zu erreichen.

Betritt man in Chantilly die große Bildergalerie, wird man links und rechts vor der Rotunde, einem runden Kuppelraum, zwei Bilder hängen sehen. Eines davon, das *Austernfrühstück* von Jean-François de Troy*, war von Louis XV im Jahr 1735 für das Speisezimmer in den privaten Räumen von Versailles in Auftrag gegeben worden. Das andere Gemälde von de Troy, ein Jagdessen im Freien, hing ursprünglich in Fontainebleau. Beide Bilder verschwanden während der Französischen Revolution und sind später in London wieder aufgetaucht, wo sie der Duc d'Aumale zurückerwarb.

Jean-François de Troy – dessen Vater François de Troy bereits als beliebter Porträtmaler in der französischen Gesellschaft seine Spuren hinterlassen hatte – war am Hof des Königs und beim Adel ein viel beschäftigter Mann, da er sich aufs Beste darauf verstand, höfisches Leben, raffinierte Mode und amouröse Szenen mit Humor darzustellen.

Sein *Austernfrühstück* ist in jeder Beziehung ein Meisterwerk. Es beschreibt in sehr anschaulicher Weise und so wahrheitsgetreu, dass man das Bild als historisches Dokument

* http://www.domainedechantilly.com/en/accueil/chateau/the-art-galleries/gallery-painting/ und: https://commons.wikimedia.org/wiki/File:De_Troy_Oyster_Lunch.PNG

werten kann, eines jener Gelage, zu denen der König seine intimste Entourage nach der morgendlichen Jagd in seine Privatgemächer einzuladen pflegte. Eine Gruppe eleganter Herren hat sich in einem reich dekorierten Salon um einen mit weißem Damast eingedeckten Tisch gesetzt. Man unterhält sich fröhlich und wird dabei von mehreren aufmerksamen Dienern umsorgt. Es sind keine Damen anwesend, offenbar war diese Art ausgelassener Fröhlichkeit mit der Anwesenheit von Frauen nicht vereinbar.

Man ist prächtig und zugleich nachlässig, *nonchalant*, gekleidet. Die reich bestickten Oberkleider sind geöffnet, ebenso die Westen, und die Jabots aus Batist etwas lockerer um den Hals gebunden. Sogar der Dienerschaft scheint es erlaubt, sich mit einigen geöffneten Knöpfen Erleichterung zu verschaffen. Die seidenen *culottes*, die eng anliegenden Kniebundhosen, umschließen unterhalb des Knies die Beine, die in weißen oder roten seidenen Strümpfen stecken. Dazu tragen die Herren schwarze elegante Schnallenschuhe. Die Nachlässigkeit ist der fortgeschrittenen Stunde geschuldet: Man kam offenbar leicht erschöpft und erhitzt von der Jagd zurück, um sich dem Genuss von Austern und Champagner hinzugeben. Die Austern hatte man frisch aus der Bretagne hergeholt, und zwar reichlich. Sie sind zu Dutzenden auf Silberplatten angerichtet, die leeren Schalen werden achtlos auf den Marmorfußboden geworfen. Genussvoll sieht man die Herren ihre Austern schlürfen, während die Diener unablässig eine nach der anderen öffnen. Der Champagner wird in einem eigens dafür gebauten Salonmöbel eingekühlt. Und dem neuen Modegetränk des Benediktinermönches Dom Perignon aus Épernay wird eifrig zugesprochen. Einer der Herren hat soeben mithilfe eines Messers eine Champagnerflasche geöffnet, das heißt, er hat ihr den Hals abgeschlagen: Man sieht den Korken hoch über die Köpfe in Richtung der

Decke fliegen. Eine Momentaufnahme, wie man sie mit der Kamera nicht besser hätte einfangen können! Einer der Diener, der just eine große Silberplatte mit frischen Austern eindecken will, muss innehalten, um sich das Schauspiel nicht entgehen zu lassen. Währenddessen hält der Herr mit dem Messer die Flasche mit einem Finger verschlossen, um das Heraussprudeln des kostbaren Getränks zu verhindern. Die Gläser – die Cocktailkelchen gleichen, Champagnergläser waren damals offenbar noch nicht in Mode – werden kopfüber in kleine Schalen getaucht, die der Kühlung dienen. Sie sind aus wertvollem Porzellan im japanischen Kakiemon-Dekor.

Der sprudelnde Wein aus der Champagne muss damals als Novität sehr beeindruckend gewesen sein, man hatte offensichtlich seinen Spaß damit. Jenseits der Sinnesfreuden, die dieses Bild vermittelt, ist es jedoch auch ein Spiegel der höfischen Sitten und Gebräuche jener Zeit – ein historisches Dokument, zumal es die erste Darstellung von Champagner in der Kunstgeschichte sein dürfte.

Auch das lässt sich im Museum entdecken.

Vermeers Milchmädchen

Wir verlassen den Hof des französischen Königs und tauchen ein in die Welt einer holländischen Dienstmagd – deren Trost es sein mag, dass dem Bild, welches von ihr und ihrer bescheidenen Welt geschaffen wurde, heute ein ungleich höherer Wert beigemessen wird als dem höfischen Austernfrühstück. Die Rede ist von einem der großen Schätze des Rijksmuseums in Amsterdam: *Dienstmagd mit Milchkrug* (oder: *The Milkmaid*, um 1660) von Johannes Vermeer.*

* https://www.rijksmuseum.nl/en/collection/SK-A-2344

Wir befinden uns im Goldenen Zeitalter der holländischen Malerei, in der Mitte des 17. Jahrhunderts. Johannes Vermeer ist einer ihrer großen Meister, und das mit einem kleinen, überschaubaren Œuvre. Wir kennen gerade einmal siebenunddreißig Gemälde von ihm. Er hat seine ganz eigene Ausdrucksform, und er scheint keinen wirklichen Lehrmeister gehabt zu haben. Einflüsse vor allem aus der italienischen Malerei sind bei seinen frühen Werken zu sehen, aber bald entwickelt er einen unnachahmlichen Stil. Unglaublich gekonnt ist seine Lichtführung, die wie die von Caravaggio und dessen holländischen Nachfolgern bravourös mit Hell und Dunkel, Licht und Schatten umgeht. Vermeer jedoch verwendet hier eine ganz eigene Technik. Charakteristisch sind seine kleinen hellen Lichtpunkte, für die es keinen Vergleich gibt, und sein Sfumato: Er schafft eine Unschärfe, die eine Tiefe erzeugt, ähnlich wie man bei der Fotografie ganz bewusst mit Schärfe und Unschärfe spielt. Nur dass dies in der Malerei eine äußerst diffizile Technik erfordert. Dadurch erschafft Vermeer eine Illusion der Wirklichkeit, die ihresgleichen sucht.

Das Milchmädchen ist in vielerlei Hinsicht einzigartig. Zum einen scheint es eine der ganz wenigen Darstellungen in der holländischen Malerei zu sein, in dem eine Dienstmagd die alleinige Hauptrolle spielt. Sie genießt die volle Konzentration des Betrachters, und sie wirkt ebenso konzentriert. Sie ist dabei, mit beiden Händen aus einem irdenen Krug vorsichtig Milch in eine Schüssel zu gießen, und geht so behutsam zu Werke, dass man vermutet, sie schöpfe die oberste Schicht des Rahms ab. Dabei fällt das seitliche Licht durch das Fenster auf ihr Gesicht, den Oberkörper, den Krug und auf das Stillleben auf dem Tisch vor ihr: einen geflochtenen Korb mit verschiedenen Brotsorten und einen weiteren, blau emaillierten Krug mit Zinndeckel. Sie trägt eine weiße Leinenhaube, ein grob gewebtes gelbes Oberteil und eine blaue Schürze, die leicht über dem darunterliegenden roten langen Rock gerafft ist. Neben dem Fenster, durch dessen Scheiben das helle Tageslicht gefiltert den Raum erhellt, hängen an einem Haken ein Weidenkorb und eine Messingöllampe. Der Putz der schlichten weißen Wand weist einige Fehlstellen auf, mit eingeschlagenen Nägeln und abgeplatzten Nagellöchern. Es ist ein undefinierter Raum, der in seiner Schmucklosigkeit überall sein könnte: Ist es eine kleine Kammer oder die Ecke einer Küche? Die vollkommene Ruhe und Abgeklärtheit, der ernste, konzentrierte Blick, mit dem sie ihrer Tätigkeit nachgeht, verleihen ihr eine Würde, die man so bei der Darstellung einer Dienstmagd noch nicht gesehen hatte. War es das, was dieses Gemälde auf Anhieb berühmt werden ließ? Es liegt ein Geheimnis über diesem Bild, über dieser Geschichte einer Magd, die keine Geschichte erzählt. Vermeer zeigt uns eine Momentaufnahme mit einer Person in einem Raum, aber er verhüllt das Ganze, indem er uns nur einen kurzen Eindruck gewinnen lässt. Ein Genrebild sollte eine Szene des Alltags beschreiben, aber Vermeer erzählt uns nichts Konkretes, er macht uns neugierig, ohne uns von unserer Neugier zu erlösen. Genauso verfährt er auf anderen Bildern mit Briefe lesenden und musizierenden Frauen, mit den schlafenden, mit den braven und den sündigen. Wir wollen mehr erfahren über diese geheimnisvollen Figuren, und wie wir am Beispiel des Mädchens mit dem Perlohrring wissen, kann man aus den Andeutungen eines gemalten Augenblicks tatsächlich einen ganzen Roman und einen fesselnden Spielfilm entwickeln. Das könnte man bei jedem einzelnen dieser faszinierenden Bilder des Johannes Vermeer. Wollte er genau das? Wollte er uns neugierig machen auf eine Geschichte, die wir uns selbst in unserer Fantasie ausdenken sollen?

Einen Wink gibt er uns doch, den wir erst auf den zweiten Blick erkennen. Die Fliesen am unteren Ende der Wand, die wie eine Bodenleiste den Übergang von der Wand zum Boden markieren, sind mit kleinen erotischen Szenen verziert. Ist das ein Hinweis auf eine verborgene, höchst private Seite unserer Dienstmagd? Wir wissen es nicht, und wir werden es nie erfahren. Aber es sind diese angedeuteten Geheimnisse, mit denen uns Vermeer in die Illusion seiner Bilder lockt.

Als ich bei meinem letzten Besuch im Rijksmuseum dieses Lieblingsbild von mir aufsuchen wollte, konnte ich es nicht finden. Man sagte mir, *The Milkmaid* sei ausgeflogen, nach Japan! Ich war enttäuscht und kann nur hoffen, dass die Ausleihe viel Geld eingebracht hat!

Das Schokoladenmädchen

Von Vermeer machen wir uns auf den Weg zu Liotard und zu dem »schönsten Pastell, das man je gesehen hat«, wie die Dresdner zu ihrem Lieblingsbild sagen: *Das Schokoladenmädchen* (um 1744) von Jean-Étienne Liotard* in der Dresdner Gemäldegalerie. Dieser Superlativ ist übrigens keine Erfindung der Dresdner, tatsächlich stammt dieses Lob von einer der größten Konkurrentinnen des Schweizer Meisters, von der Venezianerin Rosalba Carriera, die bereits zu Lebzeiten, in der ersten Hälfte des 18. Jahrhunderts, als bekannteste Pastellmalerin ihrer Zeit galt.

Das hatte sie mit Liotard gemeinsam, der in ganz Europa Triumphe als Pastellmaler feierte. Die Pastelltechnik, das Malen mit bunten Kreiden, erlaubt sehr feine Nuancierungen im Detail, und diese beherrschte der leicht verschro-

* https://skd-online-collection.skd.museum/Details/Index/451033

bene Monsieur Liotard aus Genf bis zu Perfektion. Nach einem Aufenthalt in Konstantinopel zeigte er sich am liebsten in türkischen Gewändern und bereiste auf der Suche nach mächtigen Fürsprechern und Auftraggebern ganz Europa. Als er sich in Venedig aufhielt, wurde er dem Grafen Algarotti vorgestellt, der im Auftrag von König August III., Kurfürst von Sachsen, Bilder für die Dresdner Sammlung erwarb.

Ganz Venedig schien damals in das *Schokoladenmädchen* verliebt gewesen zu sein, das Liotard aus seiner Wiener Zeit mitgebracht hatte. Das *Schokoladenmädchen* sei wie ein Holbein in Pastell, schwärmte der Graf Algarotti.

In Wien, der Hauptstadt des Habsburgerreiches, hatte Liotard die Kaiserin Maria Theresia und mehrere ihrer zahlreichen Töchter porträtiert. Am Wiener Hof war, wie an allen Fürstenhöfen Europas, nach den gewonnenen Türkenkriegen die orientalische Mode ausgebrochen. Man trank Kaffee, den »Türkentrunk«, und aus den fernöstlichen Kolonien importierten Tee. Über Spanien war aus den neuen amerikanischen Ländereien die Schokolade eingeführt worden, die Hernán Cortés, der Eroberer Mexikos, am Hofe Moctezumas kennengelernt hatte. Während der Kaffee belebte und der Tee beruhigte, sollte die Schokolade stärken. Und man munkelte, dass dieser Wundertrank »gewisse Kräfte« im Manne befördern sollte. Wir müssen uns den Genuss von Schokolade damals allerdings etwas anders vorstellen als heute. Es war ein sehr dickflüssiges Getränk, stark gewürzt mit Vanille, Nelken und Pfeffer und mit Mandeln und geriebener Zitronenschale. Man kochte das Gebräu auf und gab oft noch einige Eidotter hinzu. Wer über Zucker verfügte, gab davon reichlich dazu, ansonsten war es eine ziemlich bittere Angelegenheit. Und weil dieses Getränk so kostbar war und stärken sollte, nahmen es die Herrschaften morgens, oft noch im Bett liegend, ein. Und da man im Bett leicht eine Tasse »verzittern« konnte, reichte man diese in einer sogenannten Trembleuse, die die Tasse mit der Untertasse verband und in einer Halterung fest umschloss und so das Verschütten verhinderte.

Auf unserem Bild sehen wir ein Stubenmädchen, wie man es in jener Zeit in Wien vorfand. Fein herausgeputzt, die Haare unter einer rosa Haube mit weißer Spitze, ein weißes Brusttuch und eine frische weiße Schürze über dem ockerfarbenen eng anliegenden Mieder und dem langen grauen Rock, nähert sie sich der Herrschaft, ernsthaft geradeaus blickend und wahrscheinlich besorgt, ja nichts von dem kostbaren Trank zu verschütten. Sie trägt ein schwarzes japanisches Lacktablett und darauf eine wertvolle Meissner Porzellantasse im japanischen Dekor, und diese wiederum in einer silbernen Trembleuse, was wohl auch notwendig war, denn die Schokolade ist bis zum Rand eingeschenkt. Daneben steht ein gefülltes Glas Wasser, täuschend echt dargestellt. Langsam und vorsichtig nähert sich die Dienstmagd ihrem Ziel. Und dennoch scheint sie vollkommen aus Zeit und Raum gefallen. Sie geht zwar auf einem gepflegten Holzfußboden, aber die Wand, auf die das Mädchen auch kaum einen Schatten wirft, ist leer, ohne jeglichen Dekor. Der einzige Bezug zur Umwelt ist die Spiegelung eines zweigeteilten Fensters im Wasserglas. Die rosigen Wangen des Mädchens könnten auf eine besondere Erregung hinweisen, aber vielleicht ist es auch nur die Aufregung, die kostbare Fracht unbeschädigt an die wartende Herrschaft zu übergeben.

Liotard gelingt es, wie auch Vermeer mit seiner Milchmagd, eine Geschichte anzudeuten und es bei diesen Andeutungen bewenden zu lassen. Die Geschichte des Schokoladenmädchens ist und bleibt rätselhaft. Liotard hat mit diesem Gemälde eines der berühmtesten Werke der europäischen

Malerei erschaffen und überwindet damit alle Schubladen der Kunstgeschichte. Ist es ein Genrebild, ein Porträt oder vielleicht sogar ein Stillleben? Wahrscheinlich all das zusammen – und ganz sicher ein Meisterwerk.

Ich hatte vor vielen Jahren eine Kopie des Schokoladenmädchens im französischen Handel erworben und konnte mich so einige Zeit an dem schönen Bild erfreuen. Es war eine sehr gute Kopie, nicht in Pastell, sondern in Öl auf Leinwand, wahrscheinlich in Frankreich im 19. Jahrhundert entstanden. Das Bild nahm den Lauf, den die meisten Bilder im Besitz eines Kunsthändlers nehmen: Ich habe es wieder verkauft, was ich schon oft bereut habe. Es hatte, wie so oft, der Händler über den Sammler und Liebhaber gesiegt.

Im Lichte der Natur

Vermeer: Ansicht von Delft

Eines der wohl berühmtesten Landschaftsgemälde ist die *Ansicht von Delft* (ca. 1660/1661) von Vermeer*, und damit keine Landschaft im engeren Sinne, sondern eine Stadtlandschaft. Dieses Bild ist nicht nur deshalb berühmt, weil es von Vermeer stammt oder weil es, bis auf eine kleine Straßenszene, dessen einziges Landschaftsbild ist. Sondern weil es auf höchst dramatische Art und Weise Eingang in die Literaturgeschichte gefunden hat (und natürlich auch, weil es ein Meisterwerk darstellt). Als ich das erste Mal in der holländischen königlichen Gemäldesammlung, dem Mauritshuis in Den Haag, vor diesem wunderbaren Gemälde stand, war ich beseelt davon, aber auch in ehrfürchtiger Erwartung gewesen, weil ich schon so viel darüber gelesen hatte. Doch trotz aller Bewunderung wollte ich auf keinen Fall, dass mich dasselbe Schicksal ereilte wie den Dichter Bergotte in Marcel Prousts

* https://www.mauritshuis.nl/en/explore/the-collection/artworks/view-of-delft-92/#

Auf der Suche nach der verlorenen Zeit. Er war auf der Suche nach einem gelben Mauerstück auf dem Bild, über das er in einer Rezension gelesen hatte. Als er es dann auf dem Gemälde schließlich fand, überkamen ihn Schwindelgefühle, er brach zusammen und starb. So wie Vermeer malt, hätte Bergotte als Dichter schreiben sollen – so die Erkenntnis, die er mit in den Tod nahm.

Der Szene im Roman liegt ein reales Erlebnis zugrunde. Beim Besuch einer Vermeer-Schau im Jeu de Paume in Paris hatte Proust auf der Treppe zur Ausstellung einen Schwächeanfall erlitten. Daraufhin erfand er die Episode von Bergottes Tod im Angesicht der *Ansicht von Delft* und fügte sie in sein weltbekanntes Romanwerk ein.

Mit dieser Vorkenntnis ausgerüstet, konnte ich dem drohenden Schwächeanfall vor dem berühmten Bild entgehen. Ich war aber – wie alle, die dieses Bild im Detail beschrieben haben – auch nicht in der Lage, jenes gelbe Mauerstück zu finden, das den sterbenden Dichter derart bewegt hatte. Proust hat, wie es scheint, dieses Detail auf dem Bild erfunden, um die dramatische Szene in Gang zu setzen. Man kann zwar ein kleines gelbes Mansardendach im Sonnenlicht erkennen, aber kein Mauerstück. Umso perfekter sind die Spiegelungen auf dem Wasser dargestellt, der bewölkte Himmel, der nur parziell die Sonne auf die Dächer scheinen lässt, und die Personen im Vordergrund, die am Sandstrand einem Boot entstiegen sind. Man sieht die Stadt mit ihren Kirchtürmen, den Befestigungen und Stadttoren – eine im höchsten Maße realistische Darstellung der damaligen Stadt, die sich bis heute im Stadtkern kaum verändert hat.

Ich war in den Siebziger- und Achtzigerjahren immer wieder beruflich in Delft. Denn in den Jahren vor der Kunstmesse in Maastricht fand alljährlich die Delfter Kunstmesse stattfand. Dabei war es mir immer ein großes Vergnügen, den Markt auf dem großen Hauptplatz zu besuchen. Man konnte sich dort wunderbar ein improvisiertes Mittagessen organisieren, wenn man von Stand zu Stand ging und hier eingelegte Heringe kaufte, dort frittierte Gemüse oder Pommes. Auch auf dem Markt hat sich seit dem 17. Jahrhundert wohl nicht viel geändert.

Die *Ansicht von Delft* befindet sich heute übrigens nicht sehr weit weg von dem Ort, an dem sie entstanden ist: Den Haag und das Mauritshuis sind nicht mal eine halbe Stunde von Delft entfernt. Ein Abstecher von Den Haag nach Delft lohnt sich in jedem Fall, und vielleicht finden Sie ja auf Vermeers Bild jenes rätselhafte Mauerstück.

Canaletto in Venedig und London

Von Delft reisen wir nach Süden, zu der Stadt, deren Silhouette wohl im Lauf der Jahrhunderte am häufigsten porträtiert wurde: Venedig. Wenn wir uns aus der großen Zahl fabelhafter Venedig-Ansichten von Giovanni Antonio Canal alias Canaletto ein Bild aussuchen wollen, gehen wir allerdings am besten nach London. Dort lässt sich Canaletto tatsächlich am besten studieren, in der National Gallery oder in der Wallace Collection, wo im sogenannten *Vedute Room* die Venedig-Ansichten von Canaletto und Francesco Guardi zu Dutzenden hängen, oder in der Queen's Gallery und in einigen der großen *Country Houses*, den Landschlössern der englischen Hocharistokratie. Das ist in erster Linie einem Mann zu verdanken: Joseph Smith, dem britischen Konsul in Venedig Mitte des 18. Jahrhunderts. Er war selbst ein großer Sammler und sah es als seine Aufgabe an, den englischen Mylords, die auf ihrer *Grand Tour* nach Venedig kamen, die venezianische Vedutenmalerei nahezubringen. Das ist ihm mit Erfolg gelungen; jeder aristokratische Venedig-Besucher musste als Souvenir mindestens einen Canaletto im Gepäck haben. Consul Smith, der eine enge Verbindung zu Canaletto und anderen venezianischen Künstlern pflegte, kümmerte sich um die Abwicklung der Aufträge. Der dritte Marquess of Hertford, Begründer der Wallace Collection – benannt nach seinem illegitimen Sohn und Erben Sir Richard Wallace –, war selbst in Venedig und hat ein gutes Dutzend Venedig-Veduten erworben. Der bedeutendste Canaletto-Sammler jedoch war der Duke of Bedford, der über Consul Smith nicht weniger als vierundzwanzig Canalettos erwarb. Sie hängen heute alle im Schloss der Bedfords, in Woburn Abbey, allein einundzwanzig davon im *Dining Room*.* Dies ist die wohl größte Sammlung von Canalettos, die in einem einzigen Raum versammelt sind. Als ich Woburn Abbey das erste Mal besuchte – im Jahr 1976, während meiner Zeit bei Christie's in London –, musste ich mich einer Führung anschließen. Das Schloss ist seit vielen Jahren öffentlich zugänglich, obwohl die Familie es bewohnt. Als wir den berühmten *Canaletto Room*, den die Familie damals tatsächlich als Speisezimmer nutzte, betraten, rümpfte unser Führer die Nase und sagte: »*Ah, I think they just had fish for lunch*!«

Mit der Sammlung der Queen verhielt es sich anders: Die Bilder der königlichen Sammlung kamen alle direkt von Consul Smith, der sie alle zusammen bei Canaletto persönlich erworben hatte. Der Konsul verkaufte seine gesamte Sammlung en bloc an König George III. In einer Ausstellung in der Queen's Gallery im Buckingham Palace war im Jahr 2017 die königliche Sammlung von Canalettos mit Gemälden, Zeichnungen und Druckgrafik erstmals geschlossen zu sehen.

* https://www.woburnabbey.co.uk/abbey/art-and-the-collection/24-canalettos/

Das Bild mit der Darstellung *The Bacino di San Marco on Ascension Day** (um 1733/34) ist mit seinen stattlichen Maßen von 1,25 Meter Breite und knapp 80 Zentimeter Höhe, ebenso wie sein Gegenstück, *A Regatta on the Grand Canal*, um einiges größer als die anderen Veduten der königlichen Sammlung. Der Bacino di San Marco liegt an der Mündung des Canal Grande und des Canale della Giudecca, vor der Insel San Giorgio Maggiore. Der Standort des Betrachters muss sich mitten im Wasser befinden. Wir blicken auf den Dogenpalast, die Piazetta, den Campanile und die Biblioteca, wobei sich Canaletto – wie sehr häufig in seinen Veduten – nicht an die exakten Maße oder Positionen der Gebäude gehalten hat. Er hat sie seiner Komposition angepasst. So hat er den Dogenpalast einerseits vergrößert, gleichzeitig aber in der Breite zurückgenommen, damit die rechts danebenliegenden Gebäude, das Staatsgefängnis und der Palazzo Dandolo, auf dem Bild noch Platz haben. Den Glockenturm mit den Glocken schlagenden Mohren hat er nach links verschoben, damit man freien Blick auf die davorstehende Säule hat. Oben auf der Säule steht der heilige Theodor mit seinem Krokodil – der Stadtheilige von Venedig, bevor der heilige Markus seine Stelle einnahm. Die andere Säule mit dem Markuslöwen befindet sich rechts daneben. Die Venezianer gehen übrigens bis auf den heutigen Tag nicht zwischen den beiden Säulen hindurch, wenn sie ans Wasser wollen, sondern außen herum, denn genau zwischen den Säulen befand sich viele Jahrhunderte lang die Hinrichtungsstätte der Stadt. Den Palazzo della Zecca und die Bibliothek hat Canaletto wiederum vergrößert, dafür hat er den Campanile in der

* https://www.rct.uk/collection/themes/exhibitions/canaletto-and-the-art-of-venice/the-queens-gallery-palace-of-holyroodhouse/the-bacino-di-san-marco-on-ascension-day

Höhe gekürzt, damit er in seiner ganzen Pracht mit seiner Spitze ins Bild passt.

Auf dem Wasser ist viel los: Gondeln drängen sich im Bacino, und vor dem Dogenpalst liegt der *Bucintoro*, das Prachtschiff des Dogen, das alljährlich zur symbolischen Vermählung Venedigs mit dem Meer herausgeputzt wird. Der Doge wirft dabei einen goldenen Ring ins Wasser, und das immer am Himmelfahrtstag. Und dennoch ist das Bild kein Historienbild, es ist eine Vedute, genauer gesagt ein Capriccio, da sich Canaletto nicht an die exakten Gegebenheiten der Stadtansicht hält. Der Ort ist zwar genau zu bestimmen, aber in seinem Wahrheitsgehalt so verändert, dass er dem Auge des Meisters genügte. Seine eigene Sicht der Dinge hat Canaletto immer wieder angewandt und zur Perfektion gebracht. Dabei komponierte er häufig aus einzelnen Versatzstücken eigene Landschaften, die so nie existiert haben, aber durchaus so hätten existieren können: eine seinem Schönheitsideal einer Landschaft oder Stadtansicht angepasste Illusion einer Realität.

Bellottos Veduten

Ähnlich verhält es sich mit seinem Neffen Bernardo Bellotto, der zur allgemeinen Verwirrung auch Canaletto genannt wurde. Auch er vermochte es, wie Antonio Canal, die Wirklichkeit fast fotografisch genau darzustellen. Er nutzte dafür eine *Camera Obscura*, ein vor-fotografisches Gerät, das ein präzises Abbild der erwünschten Perspektive in einen Kasten projiziert, wo der Maler die Linien exakt nachfahren kann und so zu einem Abbild gelangt, das wirklichkeitsgetreuer nicht sein könnte. Genauso oft malte er seine Capriccios, für die er eine ausgesprochene Begabung hatte, unter Zuhilfenahme von Vorstudien einzelner Gebäude, wie zum Beispiel römischer Ruinen, die er nach seiner Idealvorstellung auf der Leinwand platzierte. Man erkennt die einzelnen Bauten und ist dennoch irritiert von der Darstellung, die man anders in Erinnerung hat. Für seine Zeitgenossen, die noch nicht so weit gereist waren wie er oder wie wir heute, galt das nicht.

In seinen jungen Jahren lernte und arbeitete Bernardo Bellotto bei seinem Onkel, aber mit der Zeit entwickelte er seinen eigenen Stil – wobei man ehrlicherweise zugeben muss, dass die Bilder aus seiner frühen venezianischen Zeit auch für Experten venezianischer Veduten nicht immer leicht von denen seines Onkels zu unterscheiden sind. Dann aber wandte er sich nach Norden und schuf einige wunderbare Bilder der venezianischen *terra ferma*, unter anderem herrliche Ansichten von Padua. Schließlich zog es ihn über die Alpen: Die längste Zeit seines schöpferischen Lebens verbrachte er am Hofe des Sächsischen Kurfürsten August in Dresden, wo er seine berühmten Ansichten von Dresden schuf. Dort erst nannte er sich nach seinem berühmteren Onkel Canaletto, weil er glaubte, auf diese Weise schneller zum Erfolg zu kommen. Das führte natürlich zu Verwirrungen, vor allem in Dresden, wo man immer von Canaletto sprach, aber eigentlich Bellotto meinte.

Die Ansichten von Dresden und der sächsischen Umgebung hatte er häufig zweimal gemalt, einmal für den Kurfürsten und ein zweites Mal für den Minister Graf Heinrich von Brühl. Nach dessen Tod wurde die gesamte Brühl'sche Gemäldesammlung nach Sankt Petersburg an die Zarin Katharina II. verkauft. Diese große Sammlung wurde zum Grundstock der Sammlung der Eremitage im Winterpalast der Zaren.

Als Friedrich von Preußen 1756 in Sachsen einfiel, floh der Hof des Kurfürsten nach Warschau, wo August gleichzeitig König von Polen war, und auch Bellotto musste das Land verlassen. Er reiste nach Wien, wo er eine Reihe großer Ansichten von Wien schuf. Anschließend ging Bellotto nach München, wo er ebenfalls seine künstlerischen Spuren hinterließ – drei große Stadtansichten, einmal der Blick vom östlichen Ufer der Isar auf die Stadt und zweimal das Schloss Nymphenburg. Doch nicht nur die korrekten Darstellungen der Stadtlandschaft zeichnen Bellotto aus, er gibt auch den Menschen, die er im Vordergrund der Bilder darstellt, große Bedeutung. Es sind kleine Alltagsgeschichten aus dem Leben der Stadt, die er erzählt: etwa das barfüßige Kind, das vor einem Hund bei seiner Mutter Zuflucht sucht, oder der Bettler, der auf seinen Stock gestützt auf den Knien rutscht. Oder die edel gekleideten Damen und Herren im Schlosspark von Nymphenburg mit ihren Kutschen und venezianischen Gondeln im Nymphenburger Kanal.

Die letzte Station im Leben Bellottos war Warschau, wo er am Hof des neuen Königs Stanislaw Poniatowski lebte. Dort entstand für das Stadtschloss in Warschau die große Folge der Warschauer Veduten. Als man nach dem Zweiten Weltkrieg die zerstörte Innenstadt von Warschau wieder errichten wollte, waren die genauen Ansichten von Bellotto für die Architekten des Wiederaufbaus von unschätzbarer Bedeutung. Ohne sie würde es heute die rekonstruierte historische Altstadt von Warschau in der Form wohl nicht geben.

Ich konnte die Warschauer Veduten im Jahr 2003 zum ersten Mal in einer umfangreichen Ausstellung mit Gemälden der polnischen Sammlungen in San Francisco bewundern. Damals wurde das Stadtschloss in Warschau renoviert, und man nutzte die Gelegenheit, etwas Geld in die Kasse zu bekommen, indem man eine große Zahl von Bildern auf Reisen schickte. Aber es waren nicht nur die berühmten Bellottos, die die Aufmerksamkeit der Besucher in San Francisco erregten. Sie wurden überstrahlt von Leonardos *Dame mit dem Hermelin,* für mich das schönste Porträt von Leonardo da Vinci. Aber davon an anderer Stelle.

Heute befinden sich übrigens alle polnischen Bellottos wieder im Warschauer Schloss, und man sollte sie unbedingt dort besuchen.

Claude Lorrains Landschaften

Wenden wir uns nun einigen herausragenden »echten« Landschaften zu. Am besten beginnt man mit Claude Lorrain, dem größten aller Landschaftsmaler, dessen Einfluss auf alle, die ihm nachfolgten, immens war. Claude Lorrain stammte, wie sein Name bereits verrät, aus Lothringen. Im Grunde genommen war er ein großer Europäer: In Lothringen geboren, sprach er zwar Französisch, war aber ein Untertan des Kaisers. Er lebte die längste Zeit seines Lebens in Rom und verkaufte seine Bilder an eine internationale Klientel, zum großen Teil auch nach England. Er war einer der Hauptrepräsentanten eines idealistisch-romantischen Landschaftsbildes. Wie viele Maler aus dem holländischen Goldenen Zeitalter konzentrierte er sich auf die Landschaftsmalerei, aber er kam dabei zu ganz anderen Ergebnissen als jene. Jacob van Ruisdael etwa, der bekannteste unter ihnen, wurde berühmt für seine wahrhaftige Darstellung der Natur. Wenn er Menschen als Staffage in die Landschaften einbrachte, geschah dies, um aufzuzeigen, wie sehr der Mensch einer übermächtigen Natur gegenübersteht. Er ist Teil der Schöpfung, aber nicht ihr Herr. Es ging den Holländern dabei meistens nicht um spektakuläre Szenen, sondern um die Ruhe und das Glück, manchmal aber auch um die Schwermut, die über einer Landschaft hängen kann wie dunkle Gewitterwolken.

Claude Lorrain dagegen kam es mehr auf die Heroik einer Landschaft an. Wie sein Landsmann Nicolas Poussin, den es ebenfalls nach Rom gezogen hatte, beschäftigte er sich viel mit der Antike. Wobei man hinzufügen sollte, dass es schwer war als Künstler jener Zeit, sich in Rom *nicht* mit der Antike zu befassen. Immer wieder tauchen in Poussins Landschaften klassische Gebäudeteile oder römische Ruinen auf, die sich als Ausdruck einer antikisierenden Weltflucht interpretieren lassen. Es ist die Flucht nach Arkadien, in das Land, in dem Milch und Honig fließen und man sich glücklich einem einfachen, pastoralen Leben hingeben kann. Poussin stellt dies in einem seiner berühmtesten Gemälde dar. Es befindet sich im Louvre und zeigt antikisch gekleidete Menschen, die fragend auf eine Inschrift an einem Sarkophag hinweisen: »*Et in Arcadia ego*«* – Ich bin in Arkadien. Wobei die ursprüngliche Bedeutung wohl eher eine andere war, dass nämlich der Tod (in anderen Versionen, noch deutlicher, nicht als Sarkophag, sondern als Totenschädel dargestellt) selbst hier in Arkadien, also allgegenwärtig, sei. Dann wäre die Übersetzung dieser sybillinischen Inschrift: Auch ich bin in Arkadien! Aber auch das ändert nichts daran, dass sich die vornehmen, klassisch-elegant gekleideten und intellektuellen »Hirten« bei Poussin in einem irdischen Paradies wähnten.

Ich muss gestehen, dass ich bisher immer meine Schwierigkeiten mit Poussin hatte und mich sein etwas unterkühlter, sehr rationaler Klassizismus auf Distanz hielt. Besucht man allerdings die Dulwich Picture Gallery im Süden Londons, die einen ganzen Raum mit fabelhaften Bildern von Poussin vorzuweisen hat, ist man schon versucht, sich erweichen zu lassen. Dabei hätte ich spätestens im Jahr 1995 in der Royal Academy in London eine günstige Gelegenheit dazu

* http://cartelfr.louvre.fr/cartelfr/visite?srv=car_not_frame&idNotice=2143

gehabt, als dort eine fabelhafte Poussin-Ausstellung gezeigt wurde.

Bei Claude – wie ihn die Engländer vornehmer ohne den Zusatz seiner Herkunft nennen – tauchen neben Darstellungen aus der Antike, meist aus den *Metamorphosen* des Ovid, häufig auch biblische Figuren in seinen Landschaften auf, wie beispielsweise *Hagar und Ismael in der Wüste* in der Alten Pinakothek * oder, das Gegenstück dazu, *Die Verstoßung der Hagar*** (beide von 1668). In der Geschichte aus dem Alten Testament verbannt Abraham seine Magd Hagar mit dem kleinen Ismael, ihrem gemeinsamen Sohn, aus seinem Haus, nachdem seine Frau Sara in hohem Alter doch noch einen Sohn gebar, Isaak. Hagar und Ismael flüchteten sich in die Wüste, wo sie von einem Engel vor dem Verdursten gerettet wurden.

Bei Claude setzt Abraham die Magd Hagar und seinen Sohn Ismael nicht vor die Tür seiner Hütte, es ist eher ein prachtvoller klassizistischer Palast mit korinthischen Säulen; und er schickt sie nicht in die Wüste, sondern er zeigt mit seiner ausgestreckten Hand in eine wunderschöne grüne Landschaft mit Seen und Bergen, über die die Sonne höchst verschwenderisch ihre Strahlen ergießt. Derweil sieht Sara hoch oben von der Terrasse herunter, um sicherzugehen, dass ihr Mann auch wirklich tut, was sie ihm aufgetragen hat.

Im Gegenstück, der Szene in der Wüste, steht ein blau gewandeter schöner Engel vor der knienden Hagar, während ihr kleiner Sohn im Schatten eines Baumes darbt. Aber es ist Gott sei Dank keine staubige Wüste, sondern eine ebenso

* https://www.pinakothek.de/kunst/claude-lorrain-claude-gellee/hagar-und-ismael-der-wueste

** https://www.pinakothek.de/kunst/claude-lorrain-claude-gellee/die-verstossung-der-hagar

schöne wie romantische Landschaft, die sogar eine antike Ruine aufzuweisen hat.

Claude Lorrains Botschaft scheint uns klar: Mag auch das Einzelschicksal des Menschen schrecklich sein, mag er hungern und dürsten, es gibt für ihn immer noch eine wunderschöne poetische Natur, in die er sich flüchten kann.

Caspar David Friedrich: Das Eismeer

Wir machen einen Sprung ins 19. Jahrhundert, in die Romantik. Der erste Name, der uns in der Landschaftsmalerei der Romantik einfällt, ist selbstverständlich Caspar David Friedrich.

Der große Unterschied des bahnbrechenden Malers der Frühromantik zu den Landschaftsmalern vor (und nach) ihm ist zunächst, dass er sich nicht mit Zeichenstift und der Palette bewaffnet in die Natur begab und sie darzustellen versuchte. Friedrich versuchte vielmehr, die Natur in seine romantische Sicht einzubringen, sie zu bändigen. Er verwendet dabei durchaus Naturphänomene, etwa den dichten Nebel über den zerklüfteten Bergspitzen wie im *Wanderer über dem Nebelmeer* (um 1817) in der Hamburger Kunsthalle.* Inmitten darin zeigt er einen einsamen Wanderer in vornehmer grünsamtener Kleidung, der sich auf einen Stock stützt. Aber es geht dem Meister nicht vordergründig um das Naturphänomen, es geht ihm um den Menschen. Diesen, den einsamen Wanderer, stellt er in die Mitte seiner Komposition und lässt ihn über das, was er sieht, seine romantischen Gedanken kreisen. Auf anderen Bildern von ihm sind die Ausblicke in

* https://www.hamburger-kunsthalle.de/sammlung-online/caspar-david-friedrich/wanderer-ueber-dem-nebelmeer

die Natur meist spektakulär und dramatisch: hoch auftürmende Felsenlandschaften mit abgebrochenen Baumstämmen oder geniale Sonnenuntergänge mit Segelschiffen am Horizont, der Blick aus einer Gartenlaube auf eine gotische Kathedrale, deren hohe Türme weit in den Nachthimmel ragen, oder ein äußerst gewagter Blick über den gefährlichen Abhang bei den *Kreidefelsen auf Rügen* in der Sammlung Oskar Reinhart im schweizerischen Winterthur.* Aber immer ist es der Mensch oder manchmal auch eine Gruppe von Menschen, die im Mittelpunkt des Interesses von Caspar David Friedrich steht. Die Flucht vor der bedrückenden Realität in eine Idylle, die immer nur eine zeitweilige Flucht sein konnte, war vielen Romantikern gemeinsam. Dabei wandte man sich aber nicht mehr der Idylle eines antikisierenden Arkadiens zu, sondern tauchte lieber in die gotische Welt ab oder ins Mittelalter mit seinen Sagen und Heldenepen.

Keines der Bilder von Caspar David Friedrich ist für mich auch nur annähernd so faszinierend wie *Das Eismeer* von 1823/24 in der Hamburger Kunsthalle.**

Es ist gar nicht so einfach, einen ruhigeren Augenblick zu finden, um es zu betrachten. Vor allem die Vormittage unter der Woche sollte man vermeiden, da wird das Bild meist von Schulklassen mit Block und Zeichenstift umlagert. Am besten ist, wie in den meisten Museen, die späte Mittagszeit. Und vor diesem Bild sollte man wirklich verharren. Klirrende Kälte schlägt dem Betrachter entgegen, kein Mensch und kaum ein Tier hätten in dieser feindlichen Umwelt eine Chance zu überleben. Starke Winde haben dicke Eisplatten in- und aufeinandergeschoben und sie zu hohen, bizarren

* https://www.kmw.ch/sammlung/aufklaerung-romantik-und-realismus/

** https://www.hamburger-kunsthalle.de/sammlung-online/caspar-david-friedrich/das-eismeer

Formationen aufgetürmt. Man erkennt am rechten Bildrand das Wrack eines Segelschiffes, das in dieses schreckliche Wetter geriet und von den meterdicken Eisplatten umschlossen wurde. Da erst wird einem bewusst, wie dick diese Eisplatten in Relation zum gerade noch sichtbaren Rumpf des Schiffes sind. Und dann erblickt man auch einige Holzstämme, die der Sturm offenbar vom Festland aufs Eismeer getrieben hat und die jetzt wie kleine Mikadostäbe unter den Eisplatten eingeklemmt sind. Auf diesem Bild ist kein Mensch zu sehen. Stellvertretend für ihn stehen die Reste des Schiffswracks, das darauf hindeutet, dass es hier keine Überlebende gab. So romantisch der Blick auf das Eismeer zunächst wirken mag, am Ende offenbart es die ganze Grausamkeit, zu der die Naturgewalten fähig sind.

Das Eismeer ist zwar dem Genre nach ein Landschaftsbild, aber im Grunde genommen ist das Bild ein Stillleben, ein Memento mori. Womit wir bei der letzten der Gemäldegattungen angekommen sind, wie sie in der Hierarchie von Leon Battista Alberti aufgezeichnet wurden: beim Stillleben.

Was ist still am Stillleben?

Einst galt die Stilllebenmalerei als die unterste Stufe der Gattungen der Malerei. Davon kann man heute kaum mehr sprechen, angesichts ihrer Beliebtheit bei Sammlern und der Attraktivität dieser Bilder in öffentlichen Sammlungen und Ausstellungen. Sie spiegelt sich wider in der schier unendlichen Zahl an Publikationen, Büchern und Ausstellungskatalogen, aus der eine Auswahl zu treffen schwerfällt.

Die Geschichte beginnt mindestens mit den Römern. Bereits in den Fresken von Pompeji finden wir immer wieder Beispiele von Objekten, die sich »nicht bewegen«, die Natur nachahmen bis zur Sinnestäuschung, dem *trompe l'œuil*. In den Gemälden der Frührenaissance tauchen Stillleben an »Nebenschauplätzen« der Darstellungen auf, wie etwa Bücher im Hintergrund der Gelehrtenstube des heiligen Hieronymus und Blumenvasen auf orientalischen Teppichen. Es waren die Holländer und Flamen, die das Stillleben zur ersten Blüte brachten. Die Darstellungen von Blumen und Blüten, von Gerätschaften des täglichen Lebens, von Musikinstrumenten und allerlei Kriegsgerät, von toten Fischen und erlegtem Wild erhielten sehr bald einen tieferen Bedeutungshintergrund. Es waren Allegorien mit versteckten, meist moralisierenden Botschaften. Dazu kamen die immer beliebter werdenden Darstellungen der vier Jahreszeiten, der fünf Sinne oder der (damals bekannten) vier Kontinente. Die Speisezimmer wurden bevölkert mit Stillleben voller Gläser, Krüge und Schalen mit chinesischem Porzellan, aus denen sich die Gattung des Prunkstillebens entwickelte. Aber auch diese Bilder, in all ihrer Pracht und Herrlichkeit der betuchten Bürgerwelt, wiesen über sich hinaus auf die Vergänglichkeit dieses Reichtums.

Stillleben mit Käse und eine Blumenvase

In einem *Stillleben mit Käse* (um 1615) von Floris Claesz. van Dijck* im Rijksmuseum in Amsterdam sieht man auf der mit weißem Damast gedeckten Tafel neben den schönen Objekten – den mit Äpfeln, Trauben und Oliven bestückten blauweißen chinesischen Porzellanen, dem transparenten Weinglas, dem irdenen grau glasierten Krug mit dem Stück Brot davor – auch einen Zinnteller, auf dem sich dreierlei Käse übereinanderstapeln. Es scheint der in Holland unvermeidliche Gouda zu sein, allerdings in drei verschiedenen Reifegraden: ein junger, ein mittlerer und ein alter Gouda. Das könnte auf die drei Lebensalter des Menschen hinweisen. Darüber hinaus galt der Käse jedoch auch als Fastenspeise. Im Zusammenspiel mit Trauben, Weinglas und Brot, den Symbolen für das heilige Abendmahl, für den Leib und das Blut Christi, wird das *Stillleben mit Käse* zu einem frommen, religiösen Bild. Der Betrachter oder der Auftraggeber wird es im 17. Jahrhundert durchaus so gesehen haben, während die meis-

* https://www.rijksmuseum.nl/en/collection/SK-A-4821

ten Betrachter heute sich einfach an dem wunderbar gemalten Bild erfreuen, ohne die tiefere Symbolik wahrzunehmen.

So verhält es sich auch mit den Blumenstillleben. Nehmen wir als Beispiel die *Blumenvase in einer Fensternische* von Ambrosius Bosschaert aus dem Mauritshuis in Den Haag.* Der heutige Betrachter erfreut sich an der Pracht der verschiedenen Blumen und Blüten, die äußerst kunstvoll in einer Glasvase drapiert sind. Die Vase steht in einer oben gerundeten Fensternische, die den Blick freigibt in eine weite Landschaft. Dieses Bild ist durch und durch komponiert. Bosschaert hat die hier versammelten unterschiedlichen Blumen zur jeweiligen Blütezeit in den verschiedenen Jahreszeiten skizziert und zu einem prächtigen Bouquet zusammengefügt. Das bedeutet, dass dieser Blumenstrauß niemals so hat existieren können: Tulpen, Rosen, Iris und Akeleien wird man nie gleichzeitig blühen sehen. Vor allem die Tulpen haben es den holländischen Malern des 17. Jahrhunderts angetan. Es war die Zeit der Tulpenmanie, der ersten großen Börsenspekulation der Geschichte mit darauf folgendem Crash. Geradezu wahnwitzige Preise konnten die seltenen Papageientulpen, in mehreren Farben und möglichst ausgefranst, erzielen. Die Sorte Semper Augustus, eigentlich ein Titel der römischen Kaiser, wurde am höchsten gehandelt. Der Preis bis zu 10 000 Gulden pro Zwiebel entsprach dem Preis eines der teuersten Häuser an den Amsterdamer Innenstadtgrachten. In der rechten Mitte unseres Blumenstücks von Bosschaert ist eine solche rot-weiß gestreifte Tulpe zu sehen. Dieses wunderbare Bild wird zur damaligen Zeit längst nicht so viel gekostet haben wie die eine Tulpe, die darauf abgebildet ist. Wir sollten der Vollständigkeit halber darauf hinweisen, dass

* https://www.mauritshuis.nl/en/explore/the-collection/artworks/vase-of-flowers-in-a-window-679/

es um das Jahr 1618 entstanden ist, während die Börsenblase auf der Höhe des Tulpenwahns erst im Frühjahr 1637 platzte.

Dem Altmeister der Stilllebenliteratur, dem Schweden Ingvar Bergström, haben wir eine ausführliche Erklärung der Stilllebensymbolik zu verdanken. Der Totenschädel ist das Memento mori (wörtlich: »Gedenke, dass du sterblich bist«) schlechthin. Daneben gibt es aber noch eine Reihe weiterer Symbole, die sich nicht so leicht erschließen: der Spiegel als Zeichen der Eitelkeit; das leere Glas, aber auch Luxusgegenstände wie die Uhr, die uns darauf hinweisen, dass die Zeit unwiederbringlich vergeht; der Schmuck, der uns daran erinnert, dass auch Schönheit vergänglich ist; Pflanzen, Obst und Blumen, die darauf verweisen, dass alles verblüht und vergeht. Eine halbierte Nuss kann darauf deuten, dass die menschliche Hülle des Gottessohnes zerbrechen musste, damit seine göttliche Natur zum Vorschein kam, während ein Apfel auf den Sündenfall verweist, erst recht ein angebissener! Ein Schmetterling steht für die menschliche Seele, und wenn eine Eidechse oder gar eine Schlange versucht, einen solchen zu fressen, ist das eine eindeutige Warnung vor dem Bösen in der Welt. Wenn man also im Museum auf einem Bild harmlose Fliegen oder niedliche Eidechsen entdeckt, sind die meist gar nicht so harmlos. Sie kommen aus der Fäulnis und repräsentieren das Schlechte in der Welt, die Sünde oder gar den Teufel höchstpersönlich.

Mit einem Wimpernschlag: Vanitas-Stillleben

Vanitas-Stillleben gibt es sehr viele, ich möchte hier auf zwei spanische Bilder eingehen, die mich in den letzten Jahren am meisten beeindruckt haben. Um sie zu sehen, muss man nach Sevilla reisen. Es handelt sich um die beiden großen

Bilder in der Kirche des Hospital de la Caridad, in dem sich auch herrliche Bilder von Murillo befinden. Im rückwärtigen Teil der Kirche, links und rechts vom Haupteingang, hängen zwei große Vanitas von Juan de Valdés Leal aus den Jahren 1670–1672: *In Ictu Oculi**, was so viel bedeutet wie »mit einem Wimpernschlag«, und das Gegenstück *Finis Gloriae Mundi*. Beide sind ziemlich makaber, aber dafür umso wirkungsvoller – damals wie heute.

In Ictu Oculi – mit einem Wimpernschlag kann alles vorbei sein. Auf eine Inschrift mit diesen Worten zeigt das aufrecht stehende Skelett eines Sensenmannes, der gleichzeitig das Licht einer Kerze auslöscht. Es schaut den Betrachter aus seinen leeren Augenhöhlen an, einen Sarg unter dem Arm tragend. Ihm zu Füßen breiten sich alle Reichtümer und Herrschaftszeichen der weltlichen und kirchlichen Macht aus: Königskrone und Zepter, Weltenglobus und Ritterrüstung. Auf der anderen Seite eine Tiara, die dreigeschossige Papstkrone und Bischofsmütze, und dazu weitere päpstliche Attribute, große Folianten mit kirchlichen und strategischen Schriften und Entwürfe für prachtvolle barocke Paläste. »Seht her«, ruft uns dieses Bild zu, »alle Macht ist vergänglich und kann mit einem Wimpernschlag zu Ende sein!«

Das Gegenstück an der gegenüberliegenden Wand ist ebenfalls beschriftet: »*Sic transeat gloriae mundi*«** – so vergeht der Ruhm der Welt. Die Hand Jesu Christi (das Wundmal des Nagels vom Tod am Kreuz ist auf ihr zu sehen) kommt von oben aus einer Wolke, eine Waage haltend. Die eine Schale trägt das Herz der sündigen Liebe inmitten eines

* https://upload.wikimedia.org/wikipedia/commons/c/ca/In_ictu_oculi.jpg

** https://es.wikipedia.org/wiki/Iglesia_y_hospital_de_la_Caridad_(Sevilla)#/media/File:Finis_gloriae_mundi_from_Juan_Valdez_Leal.jpg

Pfauengefieders und weiterer sündhafter und lasterhafter Tiere, eines Froschs, eines Hündchens und eines Ziegenbocks. Die andere, die tugendhafte Schale der Waage, zeigt das Herz der göttlichen Liebe mit den Initialen Christi IHS, ein Gebetbuch und ein Brot als Symbol für den Leib Christi. Unter den beiden Schalen steht »*Nimas*« und »*Nimenos*«: »nicht mehr« und »nicht weniger«. Darunter verrotten in ihren offenen Särgen ein Bischof und ein Ritter. Ihre Macht hat ihnen nichts geholfen, sie müssen sich rechtfertigen vor dem obersten Richter.

Eine drastische Darstellung, doch höchst effektiv.

Die Barockmalerei gerade mit ihren Stillleben steckt voller Andeutungen und Symbolik. Die verborgenen Botschaften liegen vor uns, wir müssen sie lediglich entschlüsseln. Aber es sind nicht bloß die Stillleben, die uns Geschichten erzählen. Jedes gute Bild hat etwas zu sagen. Wir müssen nur die Augen öffnen.

Ist Picasso ein Klassiker?

Die alte Frage »Bis wann sind Alte Meister Alte Meister?« beschäftigt die Kunstgeschichte immer wieder aufs Neue.

Man kann natürlich kein festes Datum setzen, es gibt nicht *die* Epoche der Alten Meister. Die Entwicklung der Malerei geht immer weiter, und die Kunstgeschichte schlägt immer wieder neue Kapitel auf. Der Satz: »Jeder Alte Meister war auch mal ein Zeitgenosse« ist richtig, aber eben auch eine Binsenwahrheit.

Die Entwicklung eines Malers vom Neuerer zum Klassiker ist ein langsamer Prozess, der auch durch entscheidende Ereignisse und einzelne Personen eine plötzliche Wendung erhalten kann. Und dies ist in der Kunstgeschichte mehrmals geschehen. Die Romantiker, allen voran Caspar David Friedrich, zählen heute ganz sicher zu den Alten Meistern. Die Betroffenen hätten sich hingegen sicher sehr vehement gegen dieses Attribut zur Wehr gesetzt, ebenso in Spanien ein Francisco de Goya, der noch aus der alten Welt kam, aber dann doch Revolutionäres schuf. Eine der wichtigen Biografien über den spanischen Meister ziert der Titel: *Goya – Die Geburt der Moderne.*

Und der Autor hat recht. Dieser Übergang von der Alten Malerei zur Moderne geschah nämlich während Goyas Schaffenszeit. Zu Beginn, als junger Mann, in den Siebzigerjahren des 18. Jahrhunderts, stand Goya noch ganz im Dienst der traditionellen Dekoration. Er schuf leichte und fröhliche pastorale Szenen, die auch als Vorlage für Tapisserien der Real Fábrica de Tapices dienten. Goyas Haupteinfluss in jener Zeit kam aus Frankreich: von François Boucher und Jean-François Fragonard, den Malern der heilen vorrevolutionären Welt des Ancien Régime. Aber im Gegensatz zu seinen französischen Kollegen blitzt bereits in dieser frühen Zeit sein rebellischer Geist auf, wenn er etwa bei der Darstellung einer ländlichen Hochzeitsgesellschaft eine Figur nach der anderen karikiert. Wenn François Boucher den Winter darstellt – in einer Jahreszeitenfolge, die heute in der Frick Collection zu bewundern ist –, sind das niedliche winterliche Szenen, und in einer Schlittenfahrt wird hier noch heftig mit dem Betrachter geflirtet. Anders bei Goya: Fast gleichzeitig stellt auch er eine winterliche Szene dar, doch geht es dabei unweigerlich politisch und zeitkritisch zu. Die Menschen, die wir hier, in Decken gehüllt, sehen, leiden sichtlich unter der Kälte und wissen nicht, wie sie sich schützen sollen.

Gegen Ende des 18. Jahrhunderts spricht sich die große Begabung Goyas als Porträtmaler herum, und er wird am Hof des spanisch-bourbonischen Königs Carlos IV. zum königlichen Hofmaler ernannt. Es entstehen Porträts der königlichen Familie, wie man sie bisher noch nie gesehen hatte. Goyas Pinselstrich verändert sich, er wird offener, »impressionistischer«. Auf geniale Weise setzt er mit wenigen, aber perfekt sitzenden Strichen die elegante Kleidung der Personen auf die Leinwand, während er den Gesichtern auf der Suche nach der Wahrheit jegliche Masken abnimmt. Goya zeigt die Menschen so, wie sie sind. Das war einerseits gefährlich: In derart dekuvrierender Weise will man sich als Auftraggeber normalerweise nicht dargestellt sehen. Aber die königliche Familie ließ es geschehen, auch wenn sie damit zum Gespött der Betrachter wurde. Das große Familienporträt der Familie von Carlos IV.*, gemalt im Jahr 1800, am Vorabend der französischen Invasion, reiht alle Mitglieder der Familie nebeneinander auf. Der feiste König, der über seine Mutter, eine sächsische Prinzessin, die kräftige Gestalt seines Vorfahren August des Starken geerbt hatte, aber geistig als etwas langsam galt, wurde bald von den spanisch-napoleonischen Truppen vom Thron gejagt – sein eigener Sohn Ferdinand, der am linken Bildrand in blauem Gewand als Prinz von Asturien, also als spanischer Thronfolger, zu erkennen ist, hatte zuvor gegen ihn intrigiert.

Goya sieht sich hier bewusst in der Nachfolge von Velázquez, und sein Vorbild ist natürlich *Las Meninas*. Wie Velázquez stellt sich Goya zur königlichen Familie, hinter die Leinwand, die er gerade bearbeitet. Man sieht ihn im Halbdunkel, er sieht uns hinter seiner Leinwand stehend an, über die Schulter des Prinzen von Asturien hinweg, als wollte er uns kritisch befragen, ob wir in seinem Porträt der königlichen Familie seine Wahrheit verstehen.

Vom Revolutionär zum Klassiker: Im Jahr der Weltausstellung 1900 betritt ein junger Mann aus Barcelona die Bühne, und er wird nichts weniger als die Kunst revolutionieren. Dieser junge Mann, ein gewisser Pablo Picasso, ist zum ersten Mal in Paris, dem unbestrittenen Zentrum der Künste jener Zeit. Alles, was er in den Ausstellungen sehen kann,

* https://www.museodelprado.es/coleccion/obra-de-arte/la-familia-de-carlos-iv/f47898fc-aa1c-48f6-a779-71759e417e74

saugt er in sich auf: die Impressionisten, die Fauvisten, aber auch die Alten Meister. Als er die Bilder der Impressionisten sieht, will er Künstler werden. Er beginnt, farbenfrohe Bilder zu malen. Seinem Selbstporträt aus dem Jahr 1901 fügt er ein stolzes und selbstbewusstes *»Yo, Picasso«* hinzu: »Ich, Picasso«.* Es ist im Übrigen eines der ganz wenigen bedeutenden Bilder Picassos aus dieser frühen Zeit, welches sich noch in Privatbesitz befindet. Zuletzt wurde es im Jahr 1989 in New York für knapp 50 Millionen Dollar versteigert. Heute würde diese Ikone der modernen Malerei wohl mit einem sehr hohen Millionenbetrag eine neue Rekordsumme erzielen.

Nach dem Tod eines engen Freundes beginnt Picasso in überwiegend blauen Tönen zu malen, die Bilder seiner »Blauen Periode«. Es sind häufig melancholische Werke, einsame leidende Menschen, auch ein sehr nachdenkliches Selbstporträt ist darunter. Es zeigt ihn gealtert, mit eingefallenen Wangenknochen. Stumm und fast vorwurfsvoll tritt er dem Betrachter entgegen, als wollte er uns eine Mitschuld an all dem Leid der Welt zuschieben. Dieses Selbstporträt ist von seinem kurz zuvor entstandenen *Yo, Picasso* bereits Lichtjahre entfernt.

Ein paar Jahre später lässt Picasso wieder mehr Farbe in seinen Gemälden zu, und die Lebensfreude kehrt zurück. Es beginnt seine »Rosa Periode«. Picasso entdeckt die Welt der Schauspieler, der Clowns und Harlekine und des fahrenden Volkes als Motive für sich. Und er verliebt sich in die damals in Paris, insbesondere unter seinen Künstlerfreunden, beliebten und bewunderten Holzskulpturen, die aus Afrika kamen. Die Masken, die häufig aus dem Kongo, Gabun und den anderen französischen Kolonien Schwarzafrikas stammten,

* https://en.wikipedia.org/wiki/Yo,_Picasso#/media/File:Yo,_Picasso.jpg

haben Picasso tief bewegt. Die einfachen oder »primitiven« Ausdrucksformen, wie man sie damals nannte, die Kraft und zugleich die Vereinfachung und Stilisierung der Körper- und der Gesichtsformen, lösten in ihm eine Hinwendung zur Stilisierung der Formen aus. Seine *période nègre,* wie sie damals bezeichnet wurde, nennt man heute politisch korrekter »Afrikanische Periode«. Porträts und Körperstudien nahmen die Formen afrikanischer Skulpturen an. In der Nationalgalerie in Prag stand ich vor Jahren, völlig unerwartet, weil ich es dort nicht vermutete, vor einem von Picassos beeindruckendsten Selbstporträts aus dem Jahr 1907:* Es wirkt, als hätte er sich eine der Masken aus dem Kongo vor das Gesicht gehalten. Nase, Augen Backenknochen sind stilisiert, man würde sagen: *à l'africaine.*

Im selben Jahr entsteht ein Bild, das die Welt erschüttern sollte – und mich selbst jedes Mal in größte Bewunderung versetzt, wenn ich es im Museum of Modern Art in New York besuchen darf: *Les Demoiselles d'Avignon.***

Es ist ein Werk von geradezu magischer und heroischer Kraft: fünf teils nackte Frauen in Übergröße. Das Bild misst knapp zweieinhalb Meter in der Höhe und ist fast quadratisch, nur etwas höher als breiter. Schon die schiere Größe ist überwältigend. Der Realismus in der Kunst wurde von Picasso hier endgültig begraben. Die überlangen Figuren mit ihren kräftigen Gliedmaßen sind in flächige kantige Formen aufgelöst, ohne jegliche Tiefe oder Perspektive, wie man es in der europäischen Malerei in den vergangenen Jahrhunderten gewohnt war beziehungsweise sich seit der Renaissance mühsam erarbeitet hatte. Picasso kehrt hier zu einer Flächig-

* http://sbirky.ngprague.cz/dielo/CZE:NG.O_8021

** https://www.moma.org/collection/works/79766?artist_id=4609&locale=de&page=1&sov_referrer=artist

keit zurück, die zuletzt in der byzantinischen Kunst herrschte. Nur mit dem Unterschied, dass er eine realistische Darstellung mit einer entsprechenden Tiefe und Perspektive sehr wohl gekonnt hätte. Aber er wollte sie nicht. Die Frauen tragen maskenhafte Gesichter, die afrikanische Masken zum Vorbild haben. Die kantigen Flächen, über die sich das verwunderte Publikum den Kopf zerbrach, waren nichts anderes als der Beginn des Kubismus.

Der Titel des Bildes entsprang von Anfang an einem Missverständnis, worüber Picasso selbst unglücklich war: Das Bild hat, wie wir heute wissen, nichts mit »badenden Damen aus Avignon« zu tun. Picasso hatte ihm zunächst gar keinen Titel gegeben, es waren *»Señoritas de la calle de Avinyó«*, einer kleinen Straße in Barcelona, in der viele Prostituierte ihrem Gewerbe nachgingen. Aus *Avinyó* wurde in Unkenntnis bald Avignon, und mit dem Titel *Les Demoiselles d'Avignon* wurde es eines der berühmtesten Bilder der Kunstgeschichte. Im Jahr 1939 erwarb es das MOMA in New York für damals immerhin 28 000 Dollar – ein sehr gutes Investment.

In den darauffolgenden Jahren begründet und festigt Picasso mit seinem Freund Georges Braques den Kubismus, der die Kunst des 20. Jahrhunderts aus den Angeln heben sollte. Im Kubismus wurden alle Formen aufgebrochen und oft an anderer Stelle des Bildes wieder zusammengefügt – wie ein Puzzle aus Teilen, die zwar zusammen entstanden sind, aber dann irgendwie nicht mehr zusammenkommen. Und dennoch gelingt es sowohl Picasso als auch Braque, daraus ein faszinierendes Ganzes zu schaffen, und dies gilt für die Darstellungen von Menschen und Landschaften wie für Stillleben gleichermaßen.

In den 1920er-Jahren kehrt Picasso wieder zu einer Art spätimpressionistischem Realismus zurück, und es entstehen großartige Bilder, die zum Teil sehr feinfühlig sind. Es gibt ein Bild im Kunstmuseum in Basel aus dem Jahr 1923, bei dem es mir schwerfällt, weiterzugehen: *Sitzender Harlekin* oder *Arlequin assis.** Ein Harlekin sitzt in seinem bunten, aus verschiedenfarbigen Flecken zusammengenähten Kostüm und mit einem Zweispitz auf dem Kopf, hält die Hände auf seinem Schoß verschränkt und blickt mit trauriger Ernsthaftigkeit in die Ferne. Würde man sich ihm nähern, würde er wohl aus seinen Gedanken, die ihn weit forttragen, erschrocken aufschauen. Wir wissen, dass Picasso von seinen schwankenden Gemütsregungen abhing. Im Jahr 1923, als der Harlekin entstand, war Picasso noch mit Olga, seiner ersten Frau zusammen, einer russischen Balletttänzerin. Und die Verbindung war nicht immer harmonisch. Als Marie-Thérèse Walter in Picassos Leben trat, mit der er eine langjährige geheime Beziehung hatte, gab es keine Harlekine mehr. Der Minotaurus, das alte Motiv aus der Antike, beherrschte von da an seine Blätter und Leinwände als Symbol der Stärke und Manneskraft.

Es entstand die Suite Vollard, benannt nach dem auftraggebenden Kunsthändler Ambroise Vollard, eine Serie von Radierungen, die Themen aus den *Metamorphosen* des Ovid wie auch den immerwährenden Kampf der Geschlechter in vielen Varianten ausdrückte, wobei das eine das andere niemals ausschloss.

Die Zeit des Spanischen Bürgerkriegs erlebte Picasso aus seinem französischen Exil mit, wobei er politisch auf der Seite der gegen Franco kämpfenden Republikaner stand. Als die deutschen Alliierten Francos mit ihrer Legion Condor die nordspanische Stadt Guernica in Schutt und Asche legten, war das Entsetzen über diesen menschenverachtenden Akt groß. Picasso begann mit seinem wohl bedeutendsten

* https://kunstmuseumbasel.ch/de/sammlung/highlights#&gid=1&pid=3

Gemälde: *Guernica.** Und es gelang ihm, das Grauen und die Unmenschlichkeit des Krieges auf einer riesigen Leinwand auszudrücken. Dreieinhalb Meter hoch und knapp unter acht Meter breit füllt das Grauen des Krieges das Bild: das Leiden der Mütter, die ihren Schmerz in die Welt hinausschreien, mit ihren toten Kindern, brüllende Pferde mit aufgeschlitzten Leibern, sich hinschleppende Gestalten, die das Licht im Dunkeln suchen. Keine Farbe hat Picasso dabei verwendet, nur Schwarz und Weiß und graue Zwischentöne. Und an der Seite steht ein großer Stier, dieses Mal als Symbol für die blindwütige Kraft, die keinen Blick für die Opfer hat.

Das Bild wurde zum ersten Mal unter großer öffentlicher Anteilnahme auf der Internationalen Ausstellung in Paris 1937 auf dem Pavillon der Spanischen Republik gezeigt. Als dann kurz darauf Franco den Bürgerkrieg für sich entschied, verfügte Picasso, dass Guernica spanischen Boden so lange nicht betreten dürfe, bis das Franco-Regime beseitigt sei. Bekanntlich dauerte das noch viele Jahrzehnte. Solange befand sich *Guernica* in der Obhut des MOMA in New York, wo ich es als junger Mann zum ersten Mal sah. Ich will nicht verhehlen, dass auch ich Tränen in den Augen hatte, wie fast alle Menschen um mich herum, als ich *Guernica* nach seinem triumphalen Einzug in das damals neu eröffnete Museo Reina Sofia Anfang der Achtzigerjahre in Madrid wiedersah. Bis heute reißt die Flut der Besucher vor diesem unglaublichen Bild nicht ab, das nicht nur die Kunst im 20. Jahrhundert veränderte, sondern auch eine grausige Vorahnung dessen war, was im Zweiten Weltkrieg geschah.

Mit Picassos *Guernica* haben wir eine Wende und zugleich den Höhepunkt in der Geschichte der Kunst des 20. Jahrhunderts erreicht. Der Kreis schließt sich, als Picasso im Jahr

* https://www.museoreinasofia.es/en/collection/artwork/guernica

1957 eine Serie beginnt mit Bildern nach *Las Meninas* von Velázquez.* Ich habe sie zum ersten Mal im Museo Picasso in Barcelona gesehen, das ich jedem empfehlen möchte, der sich auch mit dem Frühwerk Picassos beschäftigen will, und Teile dieser Serie zuletzt in einer großartigen Ausstellung im New Yorker Guggenheim.

Die Geschichte der Kunst entwickelt sich ständig weiter, und es fällt schwer, die Grenze zur Zeitgenössischen Kunst zu ziehen. Die Vertreter der Klassischen Moderne sind aus der Sicht der Zeitgenossen ohnehin bereits Alte Meister.

Eines habe ich aber sehr früh verstanden: Zeitgenössische Kunst zu betrachten und zu verstehen ist eine andere Disziplin, und die Abhängigkeit vom Kunstmarkt ist hier weitaus entscheidender als bei der Alten Kunst. Künstler können »gemacht« werden, der PR-Apparat der Galerien und Auktionshäuser ist entscheidend für den Erfolg eines Künstlers. Und der Erfolg und seine Bedeutung auf dem Kunstmarkt wird über den Preis entschieden.

Bei den Alten Meistern – und jetzt zähle ich die Klassische Moderne dazu – hat bereits in gewisser Weise die Zeit mitentschieden, ob ein Künstler in den Kanon der Kunstgeschichte aufgenommen wird, ob er Bestand haben wird, zum »Klassiker« werden kann oder ob er über kurz oder lang wieder in Vergessenheit gerät. Man wird dem entgegenhalten, dass es doch der Markt sei, der über den Erfolg eines Künstlers entscheidet. Kurzfristig ja, langfristig nein. Über den Erfolg entscheidet oft der »Zeitgeist«, aber darüber, ob ein Werk einzigartig oder wirklich meisterhaft ist, entscheidet oft nur der Vergleich mit anderen Werken aus anderen Epo-

* http://web.guggenheim.org/exhibitions/picasso/artworks/maids_of_honor

chen. Dann kann ein »Werk« zu einem »Kunstwerk« werden. Die Ästhetik allein ist nicht auszureichend, um zu entscheiden, ob sich der Daumen hebt oder senkt. Denn das Kunstempfinden einer Epoche ist höchst subjektiv und selbst einem unentwegten Wandel unterworfen. Was eine Generation noch als hässlich oder »entartet« bezeichnet hat, wird kurze Zeit später von einer neuen Ästhetik in den Himmel gehoben. Dabei mögen auch politische Aspekte ins Urteil einfließen, wie die Kunstgeschichte des 20. Jahrhunderts zeigt.

Oftmals weiß man erst viele Jahre später, wie das Urteil ausfallen wird. So mancher hoch- und höchstbezahlte Künstler der Gegenwart wird Bestand haben, andere nicht. Dass Gerhard Richter, Andy Warhol oder Francis Bacon ihren Platz in der Kunstgeschichte einnehmen werden, davon bin ich überzeugt, bei anderen, Jeff Koons oder Damien Hirst zum Beispiel, bin ich es nicht.

Große Museen – große Architektur

Klenze und seine Nachfolger

Als Münchner beginnt für mich alles mit Leo von Klenze. Ludwig I., König von Bayern und zum großen Glück für sein Land ein begeisterter Kunstsammler, hatte sich vorgenommen, ein »neues, schöneres München« zu errichten. Er beauftragte seinen Hofbauintendanten Leo von Klenze, nicht weit von seiner neuen Prachtstraße im florentinischen Stil und dem Königsplatz im griechischen Stil einen Museumsbau zu schaffen. Dieser war notwendig geworden, um die ausufernden Wittelsbacher Sammlungen aufzunehmen. 1836 eröffnete die Pinakothek, die heutige Alte Pinakothek. Daneben ließ der König bald eine zweite, die Neue Pinakothek, errichten. Diese sollte die stark anwachsende Sammlung der damals »modernen« Kunst aufnehmen mit den Bildern des 19. Jahrhunderts. Sie öffnete 1852 ihre Türen. Im Zweiten Weltkrieg wurde die Alte Pinakothek durch Luftangriffe schwer beschädigt, doch konnte sie nach dem Krieg wieder aufgebaut werden. Sie vermittelt heute wieder den Eindruck des ursprünglichen Baus – mit großen hohen Räumen mit

Oberlichtern und daneben einer Reihe von Bilderkabinetten, die besonders für die kleineren Bildformate geeignet sind. Die Neue Pinakothek hingegen war 1944 so schwer getroffen worden, dass sie abgerissen werden musste. Erst viele Jahre später wurde an ihrer Stelle ein Neubau errichtet, der 1981 eingeweiht wurde. Der postmoderne Baustil wurde zwar häufig kritisiert, doch ich halte ihn für gelungen. Im Inneren entstand ein perfekter Rundgang in Form einer liegenden Acht. Für die Art der Oberlichter ließ sich der Architekt Alexander von Branca wiederum von Leo von Klenze beeinflussen. Das Prinzip eines diffusen Oberlichts im Gegensatz zu einem pointierten Spotlicht, wie man es in Ausstellungen und auf Kunstmessen sieht, ist das Erbe von Klenze. Heute wird man in den meisten – auch in musealen – Ausstellungsräumen eine Mischform zwischen den beiden Beleuchtungsprinzipien vorfinden.

Eine Museumsarchitektur, die sich explizit auf Klenze beruft, ist die Gemäldegalerie am Berliner Kulturforum der Architekten Hilmer und Sattler. Auch wenn die Zusammenführung der einzelnen und völlig unterschiedlichen Gebäude am Kulturforum bis heute nicht gelungen ist, sind doch die einzelnen Bauten dort von jeweils großer Bedeutung: Die Berliner Philharmonie von Hans Scharoun ist bis heute für viele neue Konzertbauten ein gültiges Beispiel; gegenüber steht die Neue Nationalgalerie von Ludwig Mies van der Rohe, ein Juwel moderner Architektur. Die Nationalgalerie besticht in erster Linie durch ihre riesige, nach allen Seiten hin verglaste Haupthalle, die sich dem staunenden Besucher geradezu wagemutig, weil vollkommen stützenfrei präsentiert. Diese große Halle war jedoch von Anfang mehr als Schauspiel großartiger Architektur denn als Ausstellungsraum gedacht. Zum Betrachten der Bilder steigt man eine Etage tiefer.

Es scheint noch immer nicht ganz klar, wie nach der Wiedervereinigung der beiden Stadthälften die Berliner Museen als Standorte für die umfangreichen Sammlungen definiert werden. Die Museumsinsel, das neu errichtete Stadtschloss, ein eventueller Neubau am Kupfergraben für die Alten Meister – hier sind die Dinge immer noch im Fluss. Jedenfalls wird Berlin immer zu den großen Museumszentren in Deutschland zählen. Ebenso wie Dresden, wo das kunstinteressierte Publikum die Wiedereröffnung der Sempergalerie und der Paraderäume im Schloss mit Spannung erwartet, nachdem die Wiedereröffnung des Grünen Gewölbes und der Porzellansammlung im Zwinger bereits vor Jahren so gut gelungen ist.

Ein weiteres großartiges Museum hat Leo von Klenze in Sankt Petersburg geschaffen: die Neue Eremitage. Sie ist ganz im Stil von Klenzes Klassizismus gehalten und weist auf der vom Fluss Newa abgewandten Seite einen beeindruckenden Eingang auf, der von übergroßen Atlantenfiguren getragen wird. Im riesigen Gesamtkomplex, der sich aus dem Winterpalast, der Alten, der Kleinen und der Neuen Eremitage zusammensetzt, ist der Klenze-Bau jedoch nur ein kleiner Teil. Man sollte schon mehrere Tage einplanen, um sich dort einen Überblick zu verschaffen. Die Eremitage verfügt über eine riesige enzyklopädische Sammlung, es gibt dort kaum ein Sammelgebiet, das nicht vertreten ist. Darin ist sie dem Pariser Louvre und dem Metropolitan Museum in New York vergleichbar.

In Sankt Petersburg erscheint es mir noch wichtiger als in fast jedem der anderen Museen, die ich besucht habe, dass man mit einer Museumsgruppe reist, die einen privilegierten Einlass erhält. Man wartet sonst sehr lange in einer nicht enden wollenden Schlange, um zu den Kunstschätzen der Zaren vorgelassen zu werden. Erheblich einfacher ist es auch, wenn man vorher im Netz bucht; für Besucher mit Online-Tickets gibt es einen separaten Einlass. Ich durfte vor Jahren den rückwärtigen Eingang benutzen, der normalerweise den Mitarbeitern und Kuratoren des Museums zur Verfügung steht – auch wenn man dann auf die Ansicht der prachtvollen Haupttreppe verzichten muss. Im Inneren jedoch findet man sich sogleich inmitten einer sich durch die Säle schiebenden Menschenmenge wieder, es sei denn, man erhält Zutritt außerhalb der normalen Öffnungszeiten, was allerdings nicht ganz einfach ist.

Der Bilbao-Effekt

Dass der Prado, der Louvre, das Metropolitan oder die Uffizien großartige Museen sind, brauche ich nicht eigens zu betonen. Es sind Häuser, die man nicht häufig genug besuchen kann und in denen man jedes Mal etwas Neues und Bedeutendes entdecken wird. Sie bilden für die jeweiligen Städte eine besondere Attraktion, werden aber für die allermeisten Besucher nicht der alleinige Grund für eine Reise dorthin sein. Es gibt jedoch Museen, die tatsächlich den Charakter einer Stadt verändern, weil sie eine hohe lokale Bedeutung erlangen. Man spricht dann vom sogenannten Bilbao-Effekt, benannt nach dem Guggenheim-Museum in Bilbao*, dessen Eröffnung 1997 für die nordspanische Stadt – bis dahin eher ein Stiefkind des Tourismus – eine signifikante Erhöhung des Kunsttourismus zur Folge hatte.

Was war passiert? Als die Solomon R. Guggenheim Foundation beschloss, in Bilbao ein neues Guggenheim-Museum

* https://www.guggenheim-bilbao.eus/de/nutzliche-informationen/offnungszeiten-und-preise/

zu errichten, betrat sie Neuland. Es war sicher ein mutiger Schritt, ein Museum in einem »kulturellen Niemandsland« zu errichten, wie es Bilbao darstellte – im Wesentlichen eine Industriestadt, die sich im wirtschaftlichen Niedergang befand.

Der Bilbao-Effekt wurde in erster Linie durch eine aufsehenerregende Architektur erreicht. Frank Gehry schuf einen Bau, wie man ihn bis dahin in der Museumswelt noch nicht gesehen hat. Spektakulär mitten in der Stadt an einem Flussufer gelegen, widersprach dieser Bau allen bisherigen Vorstellungen eines Museums. Es gehört zu den wenigen Museen, die ich kenne, die man mehr wegen ihrer Architektur als wegen ihres Inhalts besucht. (Zu nennen wäre hier auch das Jüdische Museum in Berlin von Daniel Libeskind, das ich besuchen durfte, als es noch leer war.) Das Guggenheim in Bilbao ist eine schier unglaubliche, komplizierte und gleichzeitig dekonstruktivistische, begehbare Riesenskulptur, die allen Gesetzmäßigkeiten zu widersprechen scheint. Die einstürzenden Linien, das nach allen Seiten hin gebogene glänzende metallene Baumaterial lassen den Besucher, der sich ins Innere gewagt hat, fast schwindelig werden in Verbindung mit dem einfallenden Licht, das die ungewohnten Perspektiven raffiniert zu steigern weiß. Aber man besichtigt in erster Linie das Gebäude, erst dann wendet man sich dem Inhalt zu. Es gibt dort durchaus Respektables zu sehen, wie zum Beispiel eine riesenhafte, begehbare Installation von Richard Serra. Die großen geschwungenen Eisenteile sind eigens für die großen Erdgeschossräume im Guggenheim geschaffen worden. Ich vermochte mir nicht vorzustellen, wie diese Riesenteile überhaupt ins Gebäude gelangen konnten, bis ich einen Film darüber sah. Es ist ein Wunder der Schwerkraft und Logistik, und das Ergebnis ist mehr als faszinierend. Man geht zwischen diesen zentnerschweren und scheinbar leicht geschwungenen Ellipsen und konzentrischen Kreisen hin und her und ist davon überzeugt: So und nicht anders muss es sein!

Der Bilbao-Effekt hat für die Stadt ganze Arbeit geleistet. Die Zahl der Besucher wird Jahr für Jahr aufs Neue übertroffen, und der weitaus größte Teil davon kommt aus dem Ausland. Als ich zuletzt in Bilbao war, machte ich von dort mit einer Gruppe von Weinfreunden einen Abstecher ins Rioja-Gebiet, eine der besten Weingegenden Spaniens. Wir wohnten in einem weiteren Gebäude von Frank Gehry, dem Hotel Marqués de Riscal, inmitten von Weinbergen. Wie im Museum in Bilbao gibt es auch in diesem Hotel kaum eine Wand oder ein Fenster, das nicht schräg, überhängend oder sonst wie nicht im Lot ist. Nach einem ausführlichen Wein-Tasting kann das durchaus zu dem Gefühl führen, dass gleich alle Wände des Zimmers über einem einstürzen …

Aber auch das Stammhaus aller Guggenheims in New York, an der Fifth Avenue gegenüber dem Central Park in der Upper East Side, ist eine Ikone. Bereits im Jahr 1959 eröffnet, wirkt es bis heute unglaublich modern. Gebaut wurde es von Frank Lloyd Wright, einem der Genies der Architektur des frühen 20. Jahrhunderts. Berühmt wurde es für seine große »Schnecke«, die sich über eine Rampe um eine zentrale Rotunde von Stockwerk zu Stockwerk begehen lässt. Am besten – und das war wohl auch die Intention des Architekten – fährt man mit dem Aufzug ganz nach oben und läuft dann die Rampe hinunter, von einem Ausstellungsraum zum nächsten. Zu den bedeutendsten Werken der Sammlung gehören Meisterwerke von Kandinsky, Fernand Léger und Chagall über Paul Klee und Feininger bis Beckmann.

Auch das Guggenheim-Museum in Venedig gehört heute zur Guggenheim Foundation. Der Palazzo am Canal Grande war einst das Wohnhaus und gleichzeitig das Privatmuseum von Peggy Guggenheim, der Nichte des Erbauers und Stifters des New Yorker Guggenheim, Solomon. Ihr Vater Benjamin Guggenheim war 1912 mit der *Titanic* untergegangen, was sie früh zu einer reichen Erbin machte. Das Guggenheim am Canal Grande hat seinen ganz besonderen Reiz. Er besteht in diesem Fall nicht in der Architektur, sondern tatsächlich in der Sammlung von Peggy und ihrer persönlichen Aura, die das Haus nach wie vor atmet. Das mag auch ein subjektiver Eindruck sein: Ich habe die Dame des Hauses noch kennenlernen dürfen, als ich – damals ein ganz junger Mann – das Museum besuchen wollte. Sie saß auf einer der weißen marmornen Bänke im Garten und forderte den verdutzten Jungen auf, neben ihr Platz zu nehmen. Sie wollte von mir wissen, warum ich in der Stadt sei und warum ich mir ihre Sammlung ansehen wolle. Ich muss gestehen, ich war so verwirrt, dass ich mich nicht mehr erinnern kann, was ich ihr erzählt habe. Ich weiß nur noch, dass sie am Ende zu mir sagte: *»Alright, my boy, off you go! Go and look at my pictures!«* Ihre Sammlung von erstklassigen Werken von Max Ernst bis Jackson Pollock hat etwas sehr Persönliches – einschließlich der großen bronzenen Reiter-Skulptur von Marino Marini auf der Terrasse zum Canal Grande: Der prominent sichtbare Penis des Reiters musste alljährlich einmal abgeschraubt werden, nämlich am Fronleichnamstag, wenn der Patriarch von Venedig auf dem Canal Grande mit dem hoch erhobenen Allerheiligsten inmitten der Boote der Prozession in Richtung San Marco vorbeifuhr. Es heißt, Peggy habe es sich nicht nehmen lassen, das hervorstehende Teil aus Respekt vor dem Kardinal eigenhändig abzuschrauben. (Mittlerweile hat man das gute Stück fest verlötet, um einem möglichen Verlust vorzubeugen.)

Eine Metropole, die dem Beispiel des Bilbao-Effekts folgen will, ist Abu Dhabi. Vor Kurzem eröffnete dort der Louvre

Abu Dhabi mit einer offensichtlich spektakulären Architektur des Franzosen Jean Nouvel. Und man plant daneben ein ebenso aufsehenerregendes Guggenheim Abu Dhabi, gebaut von Frank Gehry, das jedoch noch nicht über die Fundamente hinausgekommen ist. Ich kann es nicht beurteilen, mein Besuch in Abu Dhabi steht noch aus.

Eine weitere Stadt, die auf den Bilbao-Effekt setzt, ist Puebla, eine der ältesten Städte Mexikos mit einer großen Vergangenheit seit den ersten Jahren der spanischen Kolonialzeit und ein wichtiger Handelsknotenpunkt, in der Mitte des Landes gelegen. Der alte koloniale Stadtkern ist weitgehend erhalten mit wunderbaren Kirchen und Häusern aus dem 16. und 17. Jahrhundert. Der Bischofspalast, Mitte des 17. Jahrhunderts errichtet, birgt, wie man sagt, die älteste Bibliothek des Kontinents. In den letzten Jahren ist der Ballungsraum auf mehr als drei Millionen Einwohner angewachsen, und Puebla wurde mit dem größten VW-Werk Mexikos zu einem wichtigen Industriestandort. Als Prestigeobjekt wurde in einem Neubauviertel außerhalb des alten Zentrums ein besonderes Museumsprojekt verwirklicht: El Museo Internacional del Barocco.* Ich besuchte während eines Aufenthaltes in Mexiko im Jahr 2017 Puebla und war von der Stadt begeistert. Das neue Museum ist ein Entwurf des japanischen Architekten Toyo Ito. Es umfasst mehrere in sich geschwungene Pavillons, die sich um einen großen Mittelhof herum gruppieren, umgeben von Wasser, was im Zusammenspiel mit der strahlenden Sonne Mexikos zu zauberhaften Effekten führt. Das Museum, das dem internationalen Barock gewidmet ist, hat allerdings ein Problem: Es verfügt kaum über eigene Sammlungen, ist also von Leihgaben abhängig. Allerdings war die Ausstellung, die ich gemeinsam

* http://mib.puebla.gob.mx/es/

mit dem stolzen Direktor des Museums besichtigen konnte, sehr eindrucksvoll, mit prominenten Leihgaben aus der ganzen Welt, unter anderem aus den Fürstlichen Sammlungen aus Liechtenstein.

Man wird sehen, ob es mit diesem Museum gelingt, die Zahl der Besucher Pueblas signifikant zu erhöhen. Auch wenn es etwas surreal erscheint, mitten auf die grüne Wiese ein »Museo del Barocco« hinzustellen: Der Museumsbau ist beeindruckend, und das Potenzial des Museums ist groß.

Renzo Pianos Museumsbauten

Nicht auf der grünen Wiese, sondern umgeben von einem schönen gepflegten Park, steht in einem Vorort von Basel das Museum der Fondation Beyeler, die aus der Sammlung des Händlerehepaares Ernst und Hildy Beyeler hervorging. Man kann es als einen großen Glücksfall bezeichnen. Ein nicht abreißender Besucherstrom findet sich Jahr für Jahr in Riehen ein und macht dieses Museum zum erfolgreichsten Museum der Schweiz. Es ist auch einer der gelungensten Museumsbauten, die ich kenne, und ein Ort, den ich Ihnen ans Herz legen möchte, falls Sie nicht längst selbst ein Fan der Fondation Beyeler sind. Der italienische Stararchitekt Renzo Piano schuf inmitten eines Parks mit altem Baumbestand ein modernes und gleichzeitig sehr schlichtes Gebäude, das sich fern jeglicher Selbstdarstellungsallüren des Architekten nahtlos in die Landschaft einfügt und gleichzeitig im Inneren durch geschickte Lichtführung den Exponaten auf perfekte Weise dient. Die Harmonie zwischen Kunstwerk, Gebäude und Natur erfährt dort ihren Höhepunkt, wo man bei der Betrachtung eines imposanten Seerosen-Bildes von Claude Monet durch die großen Fenster auf einen idyllischen Seerosenteich blickt. Man kann auch von außen ins Innere sehen, wenn man sich ein Plätzchen auf einem der Sitzsteine sucht und von dort in das Gebäude und auf die ausgestellten Kunstwerke hineinschaut. Der Gesamtkomplex strahlt eine besondere Ruhe aus und erschafft eine Harmonie zwischen der Kunst, dem Gebäude, der Natur und dem Besucher. Ein seltener Glücksfall.

Die Ausstellungen des Hauses sind inzwischen legendär, sie schaffen es jedes Mal aufs Neue, eine geschickte Symbiose mit den permanenten Sammlungen der Klassischen Moderne einzugehen. Die Ausstellung im Frühjahr 2019 von Picassos Frühwerk, seiner Blauen und Rosa Periode, wird man so nicht wieder erleben.

Renzo Piano hat noch ein weiteres Museum erschaffen, das mich ebenso fasziniert: die Menil Collection in Houston, Texas. Von der Klassischen Moderne zu den Zeitgenossen ist dort alles vertreten, was Rang und Namen hat. Der Menil Campus erstreckt sich über mehrere im Grünen errichtete Bauten. Der hohe Hauptpavillon mit flachem Dach und verglaster Front beherbergt neben den modernen Sammlungen weitere Galerien mit afrikanischer Kunst, frühen Americana, Antiken des Mittelmeerraums sowie byzantinischer und mittelalterlicher Kunst. Ein paar Schritte weiter befindet sich ein Gebäude, das ausschließlich den Werken von Cy Twombly gewidmet ist. Ein ganzes Gebäude für die Werke eines einzigen Künstlers! Für jeden Künstler muss das ein Traum sein, zumal wenn es so gut gelingt wie in Houston. Twomblys große Leinwände, die man einem abstrakten Expressionismus zurechnen könnte, haben Assoziationen zu Graffiti, die sich jedoch oft nicht entziffern lassen. Ein Münchner Sammler sagte einmal über Cy Twombly, er könne sich ohne Weiteres vorstellen, dass der Künstler nach zwanzig Jahren bei ihm vorbeikäme, um sein Bild zu übermalen. Mit anderen

Worten: Weder der Künstler noch der Betrachter können sagen, ob es sich um ein fertiges Kunstwerk handelt. (Das wiederum hätte Twombly mit Tizian und Tintoretto gemeinsam, bei deren Bildern es durchaus denkbar ist, der Meister hätte hier und da noch etwas ergänzen wollen, wenn er denn noch einmal vorbeikäme. Oder gilt das nicht sogar für fast alle Künstler?)

Ich konnte mir nach dem ersten Besuch des Cy Twombly-Pavillons in Houston vor vielen Jahren nicht vorstellen, einen einzelnen zeitgenössischen Künstler jemals besser ausgestellt zu sehen, in Räumen, die auf die Werke maßgeschneidert sind. Bis ich den großen Lepanto-Saal im Museum Brandhorst sah. Denn dort hat man genau das getan. Der Sammler Udo Brandhorst hatte einige Jahre zuvor Twomblys monumentale zwölfteilige Serie erworben, die sich auf die Schlacht von Lepanto bezieht, die entscheidende Seeschlacht der christlichen Mittelmeermächte gegen das Osmanische Reich, die, wenn sie anders ausgegangen wäre, die Geschicke Europas verändert hätte. Im Museum Brandhorst ist der Raum nach den Wünschen des Künstlers errichtet worden, so wurden dann auch die großen Leinwände gehängt. Entstanden sind die Lepanto-Bilder für die Biennale in Venedig im Jahr 2001, womit sich der Kreis schließt, nachdem die Venezianer damals im Jahr 1571 mit ihren Kriegsschiffen einen wesentlichen Teil zum Sieg beigetragen haben.

Keinesfalls darf man in Houston, wenn man schon die weite Reise nach Texas unternommen hat, gegenüber der Menil Collection die Rothko Chapel auslassen. Mark Rothko ist der Meister der großen »monochromen« Bilder, die in Wirklichkeit keinesfalls monochrom sind. Aber sie sind geheimnisvoll und lassen sich nicht interpretieren – genau so, wie es der Künstler wollte. Die Rothko Chapel ist ein düsterer Raum, in dem sich dunkle, fast schwarze großformatige Gemälde befinden. Er ist als Andachtsort gedacht und dient allen Konfessionen gleichermaßen zum Gebet oder zur Meditation. Die Chapel ist tatsächlich beeindruckend. Wenn man dort in vollkommener Stille einige Minuten verharrt, kann sich ein Gefühl großer Verbundenheit mit der Kunst, dem Ort, der Welt und einem selbst einstellen.

Wenn man sich in Houston befindet, kommt man nicht umhin, einen Abstecher nach Fort Worth zu machen, zum Kimbell Art Museum – wobei man angesichts der Weiten Texas' von Houston aus mit gut vier Stunden Autofahrt rechnen muss, oder man fliegt zum Flughafen Dallas/Fort Worth, der zwischen Dallas und Fort Worth liegt. Aber der weite Weg lohnt sich. Man fährt in einen Außenbezirk der Stadt, nicht weit von den riesigen ehemaligen Schlachthöfen entfernt, denn Fort Worth war einmal eines der größten Viehhandelszentren der USA. Im Übrigen ist die Stadt nach dem General William Worth benannt, der im mexikanisch-amerikanischen Krieg im Jahr 1849 die Stadt Puebla eroberte, die wir bereits mit ihrem Museo del Barocco besucht haben.

Der Museumsbau des Kimbell ist für Architekturliebhaber eine Pilgerstätte. Er wurde Anfang der 1970er-Jahre von Louis Kahn geplant und gebaut und gilt bis heute als Architekturikone, obgleich es die Kunst dort aufgrund der Lichtführung im Inneren manchmal nicht leicht hat. Die Gebäude haben keine Fenster, aber durch einen Schlitz im Tonnengewölbe des Daches fällt viel Licht ein, das zwar von Lichtschirmen an der Decke gefiltert und gemildert wird, aber dennoch recht stark ist. An einem sonnigen Tag wird so gut wie kein künstliches Licht eingesetzt. Außerdem sind viele der Wände in Travertin verkleidet, jenem leicht porösen, hellen Marmor. Ich kann mich noch mit Schrecken daran erinnern, als wir dem Kimbell ein sehr schönes (und wertvolles) Bild von Gerrit Dou, einem hervorragenden Holländer des 17. Jahrhunderts, verkaufen wollten, ein kleines Format: *Dentist by Candlelight (Nächtliche Szene beim Zahnarzt).** Wir hatten das Bild gemeinsam mit meinen Kollegen Johnny van Haeften aus London und Otto Naumann aus New York erworben, und Otto sollte es nach Fort Worth zur letzten Entscheidung vor Ort bringen. Nie werde ich den entsetzten Anruf meines Kollegen vergessen, der mich nach dem Probehängen auf einer viel zu hell beleuchteten Travertinwand anrief mit den Worten: *»We are never going to sell that picture! It looks like a dark hole in the wall!«* Die Geschichte nahm jedoch ein glückliches Ende, das Bild wurde angekauft.

Vor wenigen Jahren wurde gegenüber dem ursprünglichen Bau von Kahn ein zweites Gebäude vom Architekten Renzo Piano errichtet, mit dem sich die zur Verfügung stehende Fläche fast verdoppelte. Dazwischen entstand ein Skulpturengarten. So erhielten die ständig anwachsenden Sammlungen von Alten Meistern, der Klassischen Moderne und der Zeitgenössischen Kunst den ihnen gebührenden Raum. Die Sammlung kann man nicht anders als exquisit bezeichnen, mit hervorragenden Beispielen aus fast allen Perioden. Einige wunderbare Antiken, indische und chinesische Skulpturen ergänzen die Sammlung, die enzyklopädisch aufgebaut ist, aber nur aus Highlights besteht. Zu den Objekten, die man am liebsten stehlen möchte, zählen für mich einige präkolumbianische Figuren, *The Cardsharps (Die Falschspieler)* von Caravaggio** oder der kleine Zeichenstudent *Young Student Drawing* von Jean-Siméon Chardin***, versunken über seinem Zeichenblock auf dem Boden sitzend vor einer an die Wand gepinnten Aktstudie – gleichsam eine Allegorie der Zeichenkunst.

* https://www.kimbellart.org/collection/ap-200201

** https://www.kimbellart.org/collection/ap-198706

*** https://www.kimbellart.org/collection/ap-198207

Los Angeles und seine Museen

Wenn wir zu einem weiteren Leuchtturm der amerikanischen Museumswelt weiterziehen wollen, müssen wir nach Kalifornien. Los Angeles ist ein wahres Mekka für Kunstliebhaber, und ich möchte jedem Besucher raten, mehrere Tage dort einzuplanen. Vom Los Angeles County Museum (LACMA) über das Getty und das Huntington bis zum Norton Simon reiht sich ein Höhepunkt an den andern. Allein für das Getty Center sollte man sich einen ganzen Tag Zeit nehmen. Der Riesenkomplex, der aus mehreren miteinander verbundenen schneeweißen Pavillons besteht, thront über den Hügeln von Brentwood im Westen von Los Angeles wie die Akropolis über der Stadt Athen. Der einzige Zugang auf den Gipfel des Plateaus ist eine Zahnradbahn. Man kann seinen Wagen (denn Los Angeles ist nicht wirklich eine Stadt der öffentlichen Verkehrsmittel) am Fuß des Berges in einer riesigen Parkgarage lassen und dann mit dem Pendelzug hinauffahren. Es gilt aber zu bedenken, dass man Eintritt und Parkplatz vorher online bucht – und zwar tunlichst Wochen im Vorhinein. Da die buchbaren Eintrittskarten und Parkplätze pro Tag begrenzt sind, wird man, einmal oben angekommen, nie ein überfülltes Museum antreffen. Der Gebäudekomplex ist vom amerikanischen Architekten Richard Meier geplant und errichtet worden, der hier sicherlich sein Meisterwerk abgeliefert hat. In Deutschland kennen wir ihn von seinen Bauten in Baden-Baden (Museum Frieder Burda) und Frankfurt am Main (Museum für Angewandte Kunst am Schaumainkai). Zum Getty Center gehören nicht nur die Pavillons mit den verschiedenen Sammlungen, sondern auch das Getty Research Institute mit seiner Bibliothek und den Unterkünften für Research Fellows und – last, not least – ein hervorragendes Restaurant. Ich empfehle, oben am Bahnhof des Getty Centers angekommen, zunächst einen Orientierungsspaziergang zu unternehmen, um die fabelhafte Aussicht auf L. A. zu genießen und sich einen Tagesplan zu machen, welche Abteilung in welchem Pavillon man besuchen möchte – und einen der heiß begehrten Tische im Restaurant für die Mittagspause zu buchen, wenn man dies nicht schon sinnvollerweise vorher zusammen mit der Reservierung der Tickets und des Parkplatzes getan hat.

Ich kann hier aus der Fülle der Kunstschätze des Getty nur einige Beispiele nennen, die man keinesfalls versäumen sollte: Von Orazio Gentileschi eine großartige *Danaë and the Shower of Gold**, in der die schöne Königstochter von Zeus in Form eines auf sie herabprasselnden Goldregens verführt wird, ein Bild, das ich vor gar nicht allzu langer Zeit noch in einer prachtvollen Wohnung an der Fifth Avenue gesehen hatte. Gleich daneben hängt ein weiterer großartiger Orazio mit der Darstellung von *Lot und seinen Töchtern*, die entsetzt in die Ferne deuten, wo die Städte Sodom und Gomorrha gerade in Flammen aufgehen, währenddessen der Vater, berauscht vom Wein, im Schoß seiner Töchter sanft in den Schlaf gesunken ist. Vergessen Sie auch nicht, sich eines der am schönsten komponierten Stillleben von Cezanne** anzusehen und die berühmten blauen *Irises**** von Vincent van Gogh zu bestaunen.

Und noch eine besondere Empfehlung: Um die berühmte Antikensammlung des Getty Museums zu besuchen, muss man sich in den *very fashionablen* Vorort von Malibu begeben, zur dortigen Getty Villa. Die Getty Villa beheimatete die

* http://www.getty.edu/art/collection/objects/133975/orazio-gentileschi-danae-and-the-shower-of-gold-italian-1621–1623/

** http://www.getty.edu/art/collection/objects/102380/paul-cezanne-still-life-with-apples-french-1893–1894/

*** http://www.getty.edu/art/collection/objects/826/vincent-van-gogh-irises-dutch-1889/

ganze Sammlung, bevor das Getty Center oberhalb von Brentwood errichtet wurde. Sie wurde im Stil einer römischen Villa gebaut, als Vorbild galt die Villa dei Papiri bei Herculaneum. Die römischen, etruskischen und griechischen Antiken sind von ausgesuchter Qualität, und sie werden jetzt, nachdem die Sammlung ihren neuen Platz gefunden hat, in einer Atmosphäre ausgestellt, die einmalig ist und den Besucher tatsächlich in die Zeit ihrer Entstehung zurückversetzt. Der alte J. Paul Getty galt in seiner besten Zeit, in der ersten Hälfte des 20. Jahrhunderts, als reichster Mann der Welt, seine Haupteinnahmequelle war das Erdöl. Er konnte sprichwörtlich Öl zu Gold machen. Sein Kunstgeschmack war vom Feinsten, aber privat soll er alles andere als ein umgänglicher Zeitgenosse gewesen sein.

Wir sollten noch ein wenig in der Umgebung von Los Angeles bleiben und nach Pasadena fahren, zu einem Museum, das wirklich außergewöhnlich ist: The Huntington. Erbaut Ende der 1920er-Jahre von Henry Huntington, einem der Eisenbahnpioniere des amerikanischen Westens, liegt die große Villa inmitten eines paradiesischen Parks. Es handelt sich dabei um ein hochherrschaftliches Haus im Stil der English Country Houses und war nicht nur das Privathaus der Familie, sondern auch zugleich Bildergalerie. Neben wichtigen Bildern der amerikanischen Malerei von Benjamin West bis zu Mary Cassat beherbergt es die wohl bedeutendste Sammlung englischer Porträtmalerei außerhalb Großbritanniens. Es ist alles vertreten, was Rang und Namen hat: Thomas Gainsborough, Joshua Reynolds, Henry Raeburn, George Romney und Thomas Lawrence. Darunter auch der berühmte *Blue Boy* von Thomas Gainsborough*, der im Jahr

* http://emuseum.huntington.org/objects/244/the-blue-boy?ctx=16fb00c7-c284-436f-98d5-93b84b554fbd&idx=28

des Ankaufs 1921 als das teuerste Gemälde der Welt galt. Die an Joseph Duveen, den damals berühmtesten (und berüchtigtsten) Kunsthändler, bezahlten 180 000 Pfund waren ein Vermögen, nach heutigem Stand mehrere Millionen Euro. Der in einem blitzblauen Satingewand im Stil des 17. Jahrhunderts gekleidete Knabe ist einem Porträt Anthonis van Dycks nachempfunden, den Gainsborough sehr verehrt hat. Der Knabe van Dycks ist allerdings in Rot gewandet, er befindet sich in der Sammlung der Queen auf Schloss Windsor. Dem *Blue Boy* folgte ein paar Jahre später *Pinkie* ins Huntington, ein – wie der Name bereits sagt – Mädchen in Rosa, gemalt von Thomas Lawrence.* Die beiden Kinderporträts erfreuen sich bis heute großer Beliebtheit.

Wenn Sie das Haus mit seiner beeindruckenden Sammlung verlassen, sollten Sie das Bibliotheksgebäude nicht vergessen, das nicht nur eine wichtige Research Library beheimatet, sondern auch eine angesehene Sammlung von Inkunabeln und Handschriften – deren ganzer Stolz eine der wenigen noch existierenden Bibeln von Gutenberg ist. In den USA gibt es nur noch drei vollständige Ausgaben auf Pergament: in der Pierpont Morgan Library in New York, der Library of Congress in Washington und in der Huntington Library. (In Deutschland existieren heute noch acht Ausgaben auf Pergament und drei weitere auf Papier.)

Der krönende Höhepunkt eines Aufenthalts in Huntington besteht für mich darin, einen ausgiebigen Spaziergang durch den Park zu unternehmen. Der Weg führt vom Kräuter- zum Rosengarten und in den Kameliengarten, vom kalifornischen zum japanischen, chinesischen, australischen Garten zu den Teichen mit den Wasserlilien in einen Pal-

* http://emuseum.huntington.org/objects/353/sarah-goodin-barrett-moulton-pinkie?ctx=8e91b665-09bd-4ea8-81f0-a67426923c4a&idx=0

mengarten – aber das Highlight war jedes Mal, wenn ich im *Desert Garden* ankam. Man ist dort von einer unübersehbaren Menge unterschiedlichster Kakteen umgeben (angeblich über zweitausend verschiedene Arten) und glaubt sich auf einem anderen Planeten. Selbst einem eingefleischten Kunstliebhaber wie mir kann es da passieren, dass er die Kunst für eine Weile vergisst.

Allerdings wird man bald wieder von ihr eingefangen, wenn man ein Stück zurück in Richtung Los Angeles fährt und ein absolutes Muss in dieser an Kunstschätzen so reichen Gegend besucht: das Norton Simon Museum. Die Sammlung ist umfangreicher, als man denkt, denn es ist immer nur ein kleiner Teil ausgestellt. Ich muss gestehen, dass mich das Gebäude nie wirklich angesprochen hat, auch wenn es in den letzten Jahren ein paar Mal überholt wurde. Aber die Sammlung ist unglaublich. Viele sagen, die Altmeister-Sammlung von Norton Simon sei besser als die des Getty, dem kann ich mich anschließen. In den dreißig Jahren seiner Sammeltätigkeit war Mr. Simon unentwegt unterwegs. Ich durfte ihn einmal in London in einem der Auktionshäuser erleben, wo er die Exponate mit größter Leidenschaft besichtigte und dann im Auktionssaal saß. Allerdings sah ich ihn nicht selbst bieten, das übernahm wohl eine andere Person im Saal, mit der er sich durch geheime Zeichen verständigte.

Sie werden bei Norton Simon zweifellos Ihre eigenen Entdeckungen machen; ich kann nur sagen, dass ich einige Bilder dort nie vergessen werde. Dazu zählen ein großes Stillleben vom spanischen Meister Francisco de Zurbarán* und das riesige und großartige Gemälde *The Repentant Mag-*

* https://www.nortonsimon.org/art/viewer/F.1972.06.P

dalene von Guido Cagnacci*, der zum Umkreis von Guido Reni und den Carracci-Brüdern in Bologna gehört. Dies muss sein Meisterwerk sein, ich habe nirgendwo sonst ein so prachtvolles Bild von ihm gesehen, auch nicht in der Literatur. Die reuevolle Magdalena liegt halb entkleidet am Boden, um sie verstreut ihre prachtvollen Kleider und ihr Schmuck, während ihre sehr viel tugendhaftere Schwester Martha sie darin bestärkt, die guten Vorsätze umzusetzen, indem sie auf einen prachtvoll gefiederten Engel zeigt. Der treibt hinter der armen Magdalena die Eitelkeit in Form eines muskulösen Teufels mit viel Energie und einem Stock in die Flucht, währenddessen die Mägde des Hauses sich vor Kummer die Augen reiben, weil die guten Zeiten offenbar vorbei sind.

Washington, D. C.

An der Ostküste müssen wir in jedem Fall auch in Washington, D. C., Station machen: Die National Gallery of Art ist ein weiteres Museum, das man nicht auslassen darf (aufpassen, dass es nicht gerade wegen eines *Shutdowns* der Regierung geschlossen ist!), und ein wahrer Kunsttempel. Das beginnt schon mit der Architektur: Wie bei den meisten Federal Buildings an der Mall handelt es sich um ein Gebäude im klassizistischen Stil antiker Tempel. Man sollte sich das erhebende Gefühl nicht entgehen lassen, die große Freitreppe hinaufzusteigen, die Vorhalle mit ihren ionischen Säulen zu durchschreiten, um in der großen Rotunda unter einer Kuppel wie im Pantheon den Rundgang zu beginnen. Die Geburtsstunde der National Gallery schlug im Jahr 1941, nachdem der Banker und Kunstsammler Andrew Mellon

* https://www.nortonsimon.org/art/detail/M.1982.5.P

seine Sammlung gestiftet hatte. Bis auf den heutigen Tag handelt es sich im Grunde genommen um eine private Sammlung, ermöglicht durch viele großzügige Spenden und von Trustees für das Museum verwaltet. Der Unterhalt der Gebäude und die Gehälter der Bediensteten werden allerdings vom Staat getragen.

Unterirdisch verbunden mit dem ursprünglichen Gebäude ist der neue East Wing, der Ende der 1970er-Jahre von dem amerikanisch-chinesischen Architekten I. M. Pei errichtet wurde, von dem unter anderem auch die gläserne Pyramide des Louvre in Paris und die Ausstellungshalle des Deutschen Historischen Museums (DHM) in Berlin stammen. Der East Wing ist ein sagenhafter moderner Bau mit großen klaren Linien und dabei doch sehr klassisch. Trotz seiner imposanten Größe und der mächtigen Eingangshalle ordnet er sich voll und ganz der Kunst unter, wenn man die einzelnen Ausstellungsräume betritt. Ein Highlight, aber leider den Besuchern in der Regel verschlossen, ist die große Terrasse auf dem obersten Stockwerk, wo sich das Büro des Direktors befindet. Ich durfte dort oben einige Male sitzen, und am schönsten waren diese Besuche, wenn ich mit dem Direktor den Abschluss eines Bilderankaufs zelebrieren durfte. Die Terrasse liegt dem Capitol Hill direkt gegenüber. Zur Amtseinführung der amerikanischen Präsidenten auf den Stufen des Kapitols hat man da oben den besten Logenplatz.

Ein Bild möchte ich hervorheben, auf das die National Gallery zu Recht besonders stolz ist, auf den einzigen Leonardo in den Vereinigten Staaten: das *Porträt der Ginevra de' Benci.** Es ist eine junge Frau von sechzehn Jahren, die Leonardo hier porträtiert. Eng gedrehte Locken, die auf eine

* https://www.nga.gov/collection/highlights/da-vinci-ginevra-de-benci.html

aufwendige Prozedur ihrer Frisur schließen lassen, umrahmen das feine, sehr helle Gesicht, das den Betrachter mit großem Ernst, aber mit leichtem Silberblick ins Visier nimmt, möglicherweise anlässlich ihrer Verlobung oder Vermählung. Wir wissen, dass sie aus einer vermögenden Florentiner Familie stammte und viele Bewunderer hatte, darunter kein Geringerer als Lorenzo de' Medici, genannt der Prächtige. Leonardo erhielt den Auftrag zu diesem Bild sehr früh in seiner Karriere. Er war damals einundzwanzig, befand sich noch in Florenz und arbeitete wohl noch in der Werkstatt des Andrea del Verrocchio, wo er als Lehrling begonnen hatte. Und dennoch zeigt der junge Leonardo bereits hier seine zur Perfektion beherrschte Kunst einer ungemein plastischen und dreidimensionalen Lichtführung, wie man sie vorher noch nie so gesehen hatte. Ein Zeitgenosse Leonardos sagte über dieses Bild, es sei so perfekt, als habe man nicht Ginevras Porträt, sondern sie selbst erblickt. Zu dieser Zeit sah sich noch so mancher von Leonardos Kollegen in der Tradition der byzantinischen Goldgrundmalerei mit ihren flachen, stilisierten Gesichtern, und die Erfindung der Perspektive war auch noch nicht lange her. Ein Fra Angelico und ein Filippo Lippi standen noch ganz am Anfang dieser neuen Zeit, die Leonardo entscheidend prägen sollte.

Mit wichtigen amerikanischen Museen und ihren großartigen Kunstschätzen kann man eigene Bücher füllen. Das hängt damit zusammen, dass die Vereinigten Staaten aufgrund ihres föderalen Systems in so gut wie jeder größeren Stadt und in jedem Bundesstaat ein oder mehrere Museen beherbergen, die allesamt sehr anspruchsvoll sind. Allein die Impressionistensammlung des Art Institute in Chicago ist eigentlich schon einen Flug über den großen Teich wert.

Ich jedoch beeile mich, an der Ostküste nach New York zurückzureisen, wo es neben dem Metropolitan und dem MOMA noch mindestens zwei Museen gibt, die man unbedingt besichtigen muss.

Da ist zunächst die schon erwähnte Morgan Library: Begründet durch den Banker Pierpont Morgan, wurde die Sammlung zunächst berühmt wegen ihrer Bibliothek, die auch heute noch mit ihrer über drei Stockwerke reichenden Halle aus der Zeit um 1900 eine der großen Sehenswürdigkeiten New Yorks darstellt. In jüngerer Zeit wurde ein großer moderner Museumsanbau des Architekten Renzo Piano hinzugefügt, der ein sehr ambitioniertes Ausstellungsprogramm bietet. Wenn man in New York ist, sollte man daher unbedingt einen Blick in den Veranstaltungskalender werfen, vor allem wenn sich die Ausstellung um den hauseigenen Bestand an Altmeisterzeichnungen dreht. Wunderbare Blätter von Mantegna und Botticelli, von Leonardo und Raffael können, unter vielen anderen, dann bewundert werden.

Es gibt auf der Welt drei Museen, in die ich am liebsten als Dauermieter einziehen würde, mit einem kleinen Koffer und Zahnbürste ausgerüstet. Ich würde auch hoch und heilig versprechen, nichts in den Räumen zu verändern. Diese sind: die Frick Collection in New York, die Wallace Collection in London und das Musée Nissim de Camondo in Paris.

Die Frick Collection ist eines der letzten noch original erhaltenen Wohnhäuser der großen Sammlergeneration der USA um 1900. In bester Lage an der Fifth Avenue gegenüber dem Central Park, atmet das Gebäude noch heute das Leben und die Sammelleidenschaft des Industriellen Henry Clay Frick, dessen Familie das prachtvolle Haus nach seinem Tod der Öffentlichkeit zur Verfügung gestellt hat. Über viele Jahrzehnte ließ man hier alles unverändert, und die Besucher hatten sich daran gewöhnt, ihre Lieblingsbilder immer am selben Ort an derselben Wand vorzufinden. Als die Kuratoren damit begannen, neue Hängungen zu versuchen, nahm ich es zunächst sehr persönlich, dass der schöne Bronzino, das Porträt jenes herrlich arrogant dreinschauenden jungen Mannes, *Lodovico Capponi**, nicht mehr an der gewohnten Stelle zu finden war. Eines Tages hing er nicht mehr hinten links in der Gemäldegalerie, sondern begrüßte den Besucher äußerst selbstbewusst am Fuße der großen Treppe. So ging es mit vielen anderen Bildern. Man zwang den Betrachter, neue Sehgewohnheiten anzunehmen. In der Tat spricht ja vieles dafür, die traditionellen Hängungen in den Museen zu verändern und die Sammlungen neu auszurichten, so etwas kann ab und zu ganz guttun und dafür sorgen, dass man einzelne Kunstschätze anders wahrnimmt. Zumindest die Bibliothek und das Speisezimmer mit dem Stelldichein großer englischer Porträtkunst von Gainsborough bis Reynolds blieben unangetastet, ebenso die Living Hall mit Meistern wie Giovanni Bellini, Tizian, El Greco und Holbein. Die Darstellung des heiligen Franziskus, *St. Francis in the Desert***, die immer wieder als Bellinis Meisterwerk bezeichnet wird, zeigt Franziskus in größter Verzückung. Der Heilige ist vor die steile Felswand getreten, die seine Klause verbirgt, und empfängt mit ausgebreiteten Armen die Wundmale Christi. Im Gegensatz zu anderen Darstellungen, in denen man die Strah-

* http://collections.frick.org/view/objects/asitem/items$0040:141?_ga=2.222409115.1611139716.1556524501–1691676334.1523613905http://collections.frick.org/view/objects/asitem/items$0040:141?_ga=2.222409115.1611139716.1556524501–1691676334.1523613905

** https://collections.frick.org/objects/39/st-francis-in-the-desert?ctx=eb5b548b-b2f9-4190-9922-f24058a1c663&idx=31

len von den Händen und Füßen des Gekreuzigten auf den Mönch treffen sieht, stellt Bellini die Begegnung als mächtiges Naturereignis statt. Ein magisches Licht erleuchtet den Teil des Himmels, zu dem Franziskus aufschaut. Der Baum, durch den das Wunder hindurchbraust, biegt sich im Sturm, obgleich der Rest der Landschaft völlig ruhig zu sein scheint. Der Hirte mit seinen Schafen, ein Esel und ein Reiher und die Stadt mit der Burg und den Zinnen im Hintergrund – sie bekommen von alledem nichts mit. Alles scheint seinen Lauf zu nehmen wie bisher, nur Franziskus wird nie mehr der sein, der er vorher war. Im Geäst eines kleinen Strauches im linken Vordergrund hat sich ein Zettel verfangen mit der stolzen Signatur Bellinis, als wollte er uns sagen, er sei bei dieser unglaublichen Erscheinung persönlich anwesend gewesen.

An der Wand gegenüber hängt eines der berühmtesten Bilder von Holbein: *Sir Thomas More.** Der Lordkanzler Heinrichs VIII. wurde hingerichtet, als er sich weigerte, die Ehe des Königs mit Katharina von Aragón zu annullieren, damit dieser seine neue Geliebte Anne Boleyn heiraten konnte. Als Sir Thomas die Meinung vertrat, dass allein der Papst über eine solche Annullierung entscheiden könne, hatte er sein eigenes Todesurteil ausgesprochen. Die Realitätsnähe dieses Porträts ist unglaublich: Den roten Samt des Ärmels möchte man am liebsten ergreifen, und im besonnenen, ernsten Gesicht des Lordkanzlers kann man jedes einzelne Barthaar erkennen.

Den Höhepunkt des Rundganges erleben Sie, nachdem Sie den wunderbaren Innenhof mit seinen ruhig plätschernden Springbrunnen durchquert haben, beim Betreten der

* https://collections.frick.org/objects/100/sir-thomas-more?ctx=eb5b548b-b2f9-4190-9922-f24058a1c663&idx=26#showImages

West Gallery, der großen Bildergalerie. Hier wandern Sie von Meisterwerk zu Meisterwerk: Velázquez, Goya, Veronese, Rembrandt, Frans Hals, van Dyck, Vermeer und Claude Lorrain – alles, was Rang und Namen hat, ist hier mit bedeutenden Exemplaren vertreten. Nicht zu vergessen die prachtvollen Möbel: italienische Renaissancetruhen und französische Boulle-Möbel, italienische Majoliken und Renaissancebronzen, alle in besonders guten exemplarischen Werken. Mr. Frick kannte keine Kompromisse, wenn es um Qualität ging, und er war auch bereit, an die großen *Antiquairs* seiner Zeit wie Duveen, Colnaghi und Knoedler hohe Preise für Meisterwerke zu zahlen – die uns heutige Kunsthändler vor Neid erblassen lassen.

London, Paris

Das zweite meiner Lieblingsmuseen ist die Wallace Collection in London, die ich weiter oben in Zusammenhang mit Canaletto erwähnt habe. Dennoch kehren wir hier noch einmal an den Manchester Square zurück, um zumindest kurz durch das Haus voller Schätze zu flanieren – und um einen alten Freund zu besuchen: *The Laughing Cavalier* von Frans Hals.* Es ist eines der lebendigsten und zugleich fröhlichsten Porträts des großen Meisters der holländischen Porträtmalerei. Wir wissen, dass es sich bei dem offenbar vermögenden jungen Mann, dessen Alter von Frans Hals neben der Jahreszahl 1624 mit sechsundzwanzig Jahren angegeben wird, um einen erfolgreichen Tuchhändler aus Haarlem handelt, was die überaus reiche Goldstickerei auf seinem Wams erklärt. Aber nicht nur die prachtvolle Stickerei, auch die feinen

* https://www.wallacecollection.org/collection/laughing-cavalier/

Spitzen, die in mehreren Lagen als Halskrause, am Unterkleid und an den Ärmeln zu sehen sind, weisen ihn als betuchten Mann aus. Mit seinem einnehmenden Lächeln und seinen verschmitzten Augen erscheint er überaus sympathisch. Es ist in der Tat mehr ein Lächeln und kein lautes Lachen, der passendere Titel wäre also eigentlich: *The Smiling Cavalier.* Man glaubt ihn persönlich zu kennen – was in meinem Fall auch daran liegen könnte, dass ich ihn schon so oft besucht habe. Jedenfalls hängt er inmitten einer höchst prominent bestückten Wand im großen Saal – in guter Gesellschaft mit Rubens, Rembrandt, Murillo und Velázquez, und wie es sich für einen ordentlichen Haushalt gehört, umgeben von edlen Möbeln und Bronzen.

Schließlich in Paris angekommen, begeben wir uns in eines der schönsten Wohnviertel, in das VIII. Arrondissement, in ein Stadtpalais am Parc Monceau, zum Musée Nissim de Camondo. Hier sind es weniger einzelne herausragende Kunstwerke, sondern das Gesamtensemble, das beeindruckt und wie eine Zeitreise ins 18. Jahrhundert anmutet. Graf de Camondo, Mitglied einer Bankiersfamilie, hat sich Anfang des 20. Jahrhunderts, als er das Palais erbauen ließ und einrichtete, eine Zeitkapsel erschaffen; die Küche und die Badezimmer sind, wie es scheint, die einzigen Zugeständnisse an die »moderne« Zeit. Ein wunderbarer Ort in Paris, um – wenn einem danach ist – abzutauchen und sich zurück in eine vergangene Epoche zu träumen.

Man kann aber keinen Paris-Besuch absolvieren, ohne die vielen guten Bistros und Restaurants der Stadt zu genießen, genauso wenig, wie man den Louvre auslassen darf. Zumal die »Pyramide« im Jahr 2019 ihren dreißigsten Geburtstag feiert. Anfänglich als brutaler Eingriff in das Baugefüge des Louvre kritisiert, kann man sich heute den Louvre ohne die gläserne Pyramide des genialen Architekten I. M. Pei gar nicht mehr vorstellen. Sie war als neuer zentraler Eingang für den Louvre gedacht, wobei das Museum zugleich eine völlige Neuordnung erfuhr. Die »Grande Galerie«, die früher eine Art Best-of aller Malschulen war, ist heute einschließlich der angrenzenden Nebensäle den Höhepunkten der italienischen Malerei vorbehalten. Einer davon ist der Mona Lisa gewidmet. Wenn man heute den Louvre besucht, muss man sich im unterirdischen Entree entscheiden, welche Abteilungen man besuchen will. Man kommt gar nicht darum herum, da die Sammlungen so groß sind, dass man mehrere Tage bräuchte, um alles zu sehen. Und da der Louvre das meistbesuchte Museum der Welt ist, muss man immer mit großen Menschenmengen rechnen. Man kann jedoch auf die anderen Eingänge ausweichen, wenn die Schlange vor der Pyramide sehr lang ist. Zum Beispiel auf den unterirdischen Eingang bei der Pyramide Inversée. Den erreicht man, wenn man die Rolltreppen an der Seite der Rue de Rivoli nimmt, zum Caroussel du Louvre, dem unterirdischen Einkaufscenter mit seinen Läden und Restaurants. An der umgekehrten Pyramide vorbei gelangt man in die Halle unterhalb der großen Pyramide, von dort teilen sich dann wieder die Wege in die verschiedenen Flügel des Museums. Am kürzesten ist die Schlange in der Regel an der Porte des Lions, an der Längsseite, parallel zur Seine. Von dort kommt man direkt nach oben an das hintere Ende der Grande Galerie und schwimmt dann in den Räumen des Obergeschosses sozusagen gegen den Strom.

Wer die Bücher von Dan Brown gelesen hat, wird erfahren haben, dass die ganze Architektur mit den Pyramiden, und vor allem auch der unterirdischen umgekehrten Pyramide, errichtet worden ist, um den Heiligen Gral, die Gebeine der Maria Magdalena, aufzunehmen. Im Roman *The Da Vinci Code* – auf Deutsch: *Sakrileg* – ist der Chefkurator des Louvre die zentrale Figur, der den Plan zur Überführung der verloren geglaubten Gebeine der Maria Magdalena mit dem Neubau verbunden hat. Ich kenne den damaligen Chefkurator und späteren Direktor des Louvre, der den Bau zu verantworten hatte, sehr gut, daher kann ich nur sagen: Alles ist möglich! Allerdings mit dem Unterschied, dass Pierre Rosenberg nicht wie in *The Da Vinci Code* ermordet wurde, er erfreut sich nach wie vor bester Gesundheit. Er ist Mitglied der Académie Française und als solcher einer der vierzig *Immortels,* der »Unsterblichen«, wie die ehrenwerten Mitglieder der Akademie genannt werden.

Es gibt eine weitere Möglichkeit, noch schneller und meist ohne anstehen zu müssen in den Louvre zu gelangen: Man wird Mitglied der Gesellschaft »Les Amis du Louvre«. Als solches darf man einen direkten Zugang in der Passage Richelieu benutzen, unter den Arkaden, direkt gegenüber der Metro-Station Palais Royal – Musée du Louvre auf der Seite der Rue de Rivoli. Das lohnt sich bereits, wenn man plant, den Louvre ein paarmal zu besuchen. Das jährliche Dauerticket gewährt einen Nachlass beim Eintritt in fast alle Museen der Stadt – und sogar einen Nachlass für die Restaurants des Louvre. Und wer einen Besuch in Abu Dhabi plant, kommt auch dort in den Genuss des freien Eintritts.

Auf welchem Weg auch immer: Wenn man es einmal hineingeschafft hat und den Kunstwerken gegenübersteht, wird man alle Mühen und Anstrengungen vergessen und sich an den Wundern erfreuen, die hier zusammengetragen wurden.

Wie wir gesehen haben, kann es einem neuen spektakulären Museum durchaus gelingen, den Charakter einer Stadt zu verändern und eine neue »Destination« zu schaffen. Aber auch bei Institutionen, die schon über eine längere Zeit hinweg einen wichtigen Platz einnehmen, kann es durch Erneuerung, Umgestaltungen oder Erweiterungen glücken, die Attraktivität einer Stadt zu erhöhen und zu prägen. Beispiele dafür sind das Rijksmuseum in Amsterdam, das sich mit einem großen Umbau erst vor Kurzem neu erfunden hat, oder das herrliche Mauritshuis in Den Haag, die Königliche Gemäldegalerie, die eine gelungene Renovierung hinter sich hat und Vermeers *Mädchen mit dem Perlohrring* und andere Schätze in bestem Licht erscheinen lässt. Allein das Mauritshuis lohnt die Reise nach Den Haag.

Rund ums Museum: Restaurants, Shops, Websites

Die Museen bemühen sich heute mehr denn je, nicht nur ihre Attraktivität für ein jüngeres Publikum zu erhöhen, sondern auch mit der an sich erfreulichen Zunahme der Besucherzahlen fertig zu werden. Hierzu gehört, die durchschnittliche Verweildauer der Besucher zu erhöhen und die Besucherströme besser über den Tag zu verteilen. Dem dienen auch verbesserte Angebote an Cafés und Restaurants. Es muss ja nicht immer gleich ein sternewürdiges Restaurant sein. Aber auch das gibt es, unter anderem in Puebla oder Bilbao. Häufig führen diese Restaurants ein erfolgreiches Eigenleben, wie das Holbein im Städel oder die Goldene Bar im Münchner Haus der Kunst, auf deren Terrasse man in Sommernächten köstliche Drinks und die kühle Luft des benachbarten Englischen Gartens genießen kann. Die Restaurants des MOMA oder des Getty sind beliebte Treffpunkte, auf der Terrasse des Restaurants im Museo Thyssen-Bornemisza in Madrid sitzt man herrlich, und das Restaurant in der Tate Britain hat seit Generationen eine legendäre Weinkarte. Im Café Marly mit dem sensationellen Blick auf die Pyramide im Hof des Louvre speist man unter den Kolonnaden, wenn man sich dort einen Tisch hat erobern können. Auch hier gilt: rechtzeitig reservieren. Der Klassiker ist die Foie Gras mit grünen Bohnen, einer Brioche und einem guten Glas Wein. Im Innenhof der Wallace Collection kann man auch bei schlechtem Wetter wunderbar unter einem riesigen Glasdach sitzen, und im neuen Anbau der Tate Modern hat man von ganz oben einen erstaunlichen Blick auf die St. Paul's Cathedral und die City of London.

Auch die Museumsshops führen heute ein florierendes Eigenleben. Und dabei geht es längst nicht mehr nur um Ausstellungskataloge, Poster oder Kunstpostkarten. Ausgezeichnete Museumsshops sind heute mehr als gut geführte Kunstbuchläden, in denen man alles findet, was sich um die aktuelle Ausstellung im Museum dreht – und oft darüber hinaus. Der Shop in der Royal Academy in London wird zu jeder neuen Ausstellung komplett neu eingerichtet. Höchst profitabel ist der Shop des Metropolitan, »The Met Store«, der es zur internationalen Marke gebracht hat. Er macht einen Umsatz von einigen hundert Millionen Dollar pro Jahr. Mittlerweile gehört zum Met Shop auch ein sehr erfolgreicher Onlineshop. Bestseller sind schon lange nicht mehr die Kataloge, sondern das, was man heutzutage als Museumssouvenirs bezeichnet: von Gipsrepliken, bedruckten Seidentüchern und Taschen über Schmuck und Uhren bis zu Geschirr, Radiergummis, Kühlschrankmagneten und Kinderspielzeug. Und ich muss zugeben, es ist sehr schwierig, aus dem Met Store ohne ein Geschenk hinauszugehen. Die Shops sind strategisch meist so gelegen, dass man unweigerlich auf dem Weg zum Ein- oder Ausgang an ihnen vorbeikommt. Das haben die Museen wohl von den Flughäfen gelernt – oder umgekehrt. (Und nicht umsonst haben erfolgreiche Museumsshops mittlerweile auch an Flughäfen ihre Dependancen.) Besonders gut sortiert sind die Shops in den

Uffizien, in der Queen's Gallery im Buckingham Palace und natürlich im Met in New York. Die unterirdischen Shops im Caroussel du Louvre rings um die Pyramide Inversée sind ein wahres Labyrinth, und man kann den Eindruck haben, dass sich so mancher Besucher dort länger aufhält als im Museum selbst.

Jedenfalls kann es da bedeutend lauter zugehen als im Museum. Eine gewisse Ruhe stellt sich bei etlichen Besuchern vor den Kunstwerken ja dann doch ein. Das mag auch daran liegen, dass sich viele am Eingang für einen Audioguide entscheiden. Ich muss gestehen, dass ich lange Zeit die Meinung vertrat, man solle sich doch lieber die Bilder für sich ansehen, statt sich alles erklären zu lassen. Aber ich bin bekehrt worden, und zwar im Metropolitan, und ich will gerne zugeben, dass es die angenehme und sonore Stimme des damaligen Museumsdirektors Philippe de Montebello war, die mich dazu brachte, mir zur Ausstellung einen Audioguide zu nehmen. Es scheint tatsächlich so zu sein, dass sich ein Ausstellungsbesucher länger vor dem einzelnen Kunstwerk aufhält und es aufmerksamer betrachtet, während er den Erläuterungen zuhört.

Schwierig wird es, wenn größere Reisegruppen mit gestenreichen und lauten Cicerones unterwegs sind. Es gibt ja heute Gott sei Dank gute Mikrofone und Ohrhörer, die das Ganze auch für die anderen im Saal, die nicht zur Gruppe gehören, erträglicher gestalten. Der große Vorteil dieser mobilen Audiosysteme ist, dass man nicht im Pulk zusammenkleben muss, man kann auch in etwas gelockerter Formation durch die Ausstellungen streifen und sich seinem eigenen Tempo hingeben, während man die fachkundigen Erläuterungen im Ohr hat.

Wer sich einer guten Führung anschließt, dem wird die Qual der Wahl abgenommen. Er wird von Bild zu Bild geführt, und wenn es sich um eine durchdachte Führung handelt, zieht sich ein roter Faden durch den Weg, den die Gruppe im Museum einschlägt, sodass auch ein bleibender Eindruck entstehen kann. Das bloße Abhaken der Sehenswürdigkeiten wäre dann doch zu schade.

Sich auf den Besuch des Museums vorzubereiten ist in jedem Fall sinnvoll. Es wird dem Kunstgenießer heute auch entsprechend leicht gemacht. Man muss keine Bestandskataloge mehr durchblättern, man braucht nur noch ins Internet zu gehen. So gut wie jedes Museum legt heute großen Wert auf eine gute Website. Viele Museen kann man auf diese Weise Galerie für Galerie aufsuchen, andere beschränken sich auf einen Überblick über ihre Meisterwerke, und wieder andere stellen nach und nach die gesamte Sammlung ins Netz. Das heißt in jedem Fall, dass man sich auf den Besuch vorbereiten kann und weiß, was man zu erwarten hat. Man kann gezielt auf die Suche nach bestimmten Kunstwerken gehen. Und unterwegs neue Entdeckungen machen.

Aber nochmals: Es ist immer besser, sich auf wenige Objekte zu konzentrieren und diese dafür umso intensiver wahrzunehmen. Dann kann man auf das verzichten, was sich viele Museumsbesucher im Zeitalter des Smartphones angewöhnt haben: alles nur noch durch die Kamera zu sehen, während sie ihren eigenen Rundgang filmen. Ich frage mich, ob sich irgendjemand all diese Aufnahmen später noch einmal ansieht. Da waren mir die Besucher immer noch lieber, die nur von Schild zu Schild gingen und ihre Zeit damit verbrachten, Schilder zu lesen, statt die Bilder eingehend zu betrachten.

Heute genieße ich es sehr, die Museen mit meinen Enkeln zu besuchen. Nicht nur weil es mich daran erinnert, wie ich einst als kleiner Junge von meinem Großvater in die Museen geführt wurde. Sondern vor allem deswegen, weil man, wenn man mit Kindern unterwegs ist, gezwungen wird, sich die Bilder aus ihrer Perspektive anzuschauen, und auf diese Weise Dinge und Details wiederentdeckt, die man lange nicht mehr gesehen hat.

Die Kunst in der Welt des Massentourismus

Wie viele haben schon die Erfahrung gemacht, während der Sommermonate, als ganz normaler Tourist, in Florenz die Uffizien, in Rom die Vatikanischen Museen oder den Louvre in Paris zu besuchen. Man muss sehr viel Geduld mitbringen. Und wenn man dann endlich die vielen Hürden, das stundenlange Anstehen um Tickets (weil man sich im Vorfeld nicht mit einer Onlinereservierung auf ein bestimmtes Zeitfenster festlegen wollte), den Sicherheits-Check und schließlich die Garderobe, in der alle Taschen und Jacken deponiert werden müssen, hinter sich gebracht hat, findet man sich in den Sälen mit den Haupttrophäen des Museums von einer Unzahl von Menschen umringt, die sich in Trauben um dieselben Bilder drängen.

Mit Kunstgenuss hat das leider nicht mehr viel zu tun, allenfalls mit dem pflichtschuldigen Abhaken von Sehenswürdigkeiten. Man kann ja schlecht nach Hause zurückkehren und zugeben müssen, dass man bei seinem Trip nach Florenz nicht in den Uffizien war – oder dort um die berühmtesten Highlights einen Bogen gemacht hat. Um dem die entsprechende Aussagekraft zu verleihen, hat es sich eingebürgert, jeden Aufenthaltsort und jede Trophäe in den besuchten Museen mit dem Handy aufzunehmen und unzählige Selfies mit einem glücklichen Gesicht vor den Hauptattraktionen auf Instagram zu posten.

Leider ist diese zweifelhafte Art von Kunstgenuss für viele Besucher von Florenz, Rom, Paris und vielen anderen Orten der Welt inzwischen zur Realität geworden. Venedig kann ein ganz eigenes Lied davon singen.

Nun sollte man nicht den Fehler machen, dies achselzuckend und mit schmaler Lippe mit den Worten zu kommentieren: »Früher war alles viel besser!« – Es war halt anders. Und es führt zu jener sehr alten Frage, für wen die Kunst eigentlich geschaffen wurde: für einige wenige Privilegierte oder für die Allgemeinheit?

Mit dem Aufkommen des internationalen Flugverkehrs und des Massentourismus hat sich die Welt grundlegend verändert. Ich will es gar nicht leugnen: Die Welt der Kunst, insbesondere an ihren entlegeneren Orten, war lange Zeit einer in ziemlicher Exklusivität reisenden Elite vorbehalten. Als die jungen adligen Engländer einst zu ihrer *Grand Tour* auf Bildungsreise nach Italien geschickt wurden, ging es darum, den jungen Menschen adliger Herkunft die Welt zu zeigen. Bestens ausgestattet mit Empfehlungsschreiben und einer zahlreichen, alles organisierenden Dienerschaft, trafen sie, wo immer sie hinkamen, nicht nur auf Gleichgesinnte, sondern auch auf die Größen der örtlichen Gesellschaft, wurden in die Salons des Adels geladen und besuchten die in der Stadt aktiven Künstler. Sie konnten in Venedig das eine oder andere Bild von Canaletto erwerben und ihrem Gepäck einverleiben und ließen sich von Roms berühmtester Künstlerin Angelika Kauffmann porträtieren; sie durften mit einem Kardinal den Vatikan besuchen, speisten im Palazzo Farnese unter den Fresken der Brüder Carracci oder wurden im

Salon des Kardinals von den üppigen Malereien eines Francesco Salviati empfangen. Nach der Rückkehr der jungen »Grand-Touristen« in die etwas kühlere und regnerische Heimat zeigte sich, dass die Bildung profitiert hatte, denn meist war ja auch ein gebildeter Hauslehrer dabei. Und zur Welterfahrenheit gehörte nebenher, dass man sich mit der einen oder anderen lokalen Schönheit »die jugendlichen Hörner abstieß«, bevor man zu Hause in den wohlbehüteten Hafen einer arrangierten Ehe einfuhr.

Wer Goethes *Italienische Reise* gelesen hat – was ich auf jeden Fall immer wieder empfehlen möchte –, der weiß um den Rhythmus und die Mühsal einer solchen langen Reise, auf der man sich nach jeder glücklich überstandenen Tages- oder Nachtetappe an einem möglichst attraktiven Zwischenstopp erst einmal erholen musste. Man besichtigte, man schrieb darüber, man zeichnete, und man begegnete interessanten Menschen. Und vor allem: Man hatte Zeit.

Der Verlust der Zeit ist eines der bestimmenden Charakteristika des heutigen Kunst-Tourismus. Ein Wochenende muss meistens genügen, um die Attraktionen einer Stadt wie Venedig oder Rom abzuhaken. Und das geht natürlich nur mit dem Flieger, obwohl wir uns alle darüber einig sind, dass Flugreisen immer weniger zur Freude geraten und auch unserem Klima Schaden zufügen. Dazu kommt, dass immer weniger Besucher eine ihnen unbekannte Stadt tatsächlich auf eigene Faust erkunden oder sich ihre eigenen Höhepunkte erschließen wollen, trotz des unter Travellern oft gehörten Postulats, man bewege sich am liebsten »abseits ausgetrampelter Touristenpfade«. Es ist einfacher und erspart viel Arbeit, wenn alles organisiert ist oder zumindest die Route vorher weitgehend feststeht und man Empfehlungen anderer folgt. Das gilt für den Touristen, der im Pulk der Reiseführerin mit ihrem hoch erhobenen roten Regenschirm hinterhertrabt, um die Stadt in höchstens drei Stunden zu erledigen, ebenso wie für die höchst anspruchsvolle Gruppe des Freundeskreises eines Museums.

Der große Touristenstrom konzentriert sich meistens auf ein paar Hauptattraktionen. In Venedig beispielsweise wird man in Stoßzeiten um den Markusplatz kaum noch ein freies Fleckchen finden, man verliert sich in der unübersehbaren Menge und steht mindestens eine halbe Stunde an, um sich im Markusdom herumschieben zu lassen. Geht man aber nur ein paar Straßenzüge weiter, zum Beispiel im Dorsoduro-Viertel zwischen der Accademia und dem Canale della Giudecca, sind die kleinen Gassen und Kanäle ausgestorben, und es kann einem gelingen, eine kleine Trattoria zu finden, in der nur Einheimische sitzen, und in eine nahezu menschenleere Kirche einzutreten.

Oder man reist antizyklisch und kommt zu einer möglichst widrigen Jahreszeit. Das haben wir vor vielen Jahren, Mitte der Achtziger, in Venedig ausprobiert, und zwar Anfang Januar. Anlass war eine Ausstellung im Dogenpalast, die uns gereizt hatte: »*Cina a Venezia* – Chinesische Kunst aus der Han-Dynastie und der Zeit von Marco Polo«. Wir hatten uns überlegt, in einem berühmten Hotel direkt am Canal Grande und gegenüber der Santa Maria della Salute eines der begehrten Zimmer zu reservieren, um einmal vom eigenen Zimmer aus den berühmten Blick auf die Salute zu genießen (zumal wir glaubten, es uns in dieser Nebensaison auch leisten zu können). Aber wir hatten nicht mit dem Nebel gerechnet. Er war so dicht, wie ich es niemals zuvor erlebt hatte: Wir konnten absolut nichts sehen. Dieses unwirtliche Wetter hatte aber auch zur Folge, dass außer uns nur ein paar Handvoll Besucher in der Stadt waren. In den leeren Ausstellungen und Restaurants begegneten wir immer wieder denselben Menschen, und im dichten Nebel glaubten wir bald, sie am Klang der Schritte erkennen zu können. Ich habe Venedig nie mehr so menschenleer gesehen.

In Florenz ist es uns einmal an einem verregneten Dezembertag gelungen, die Uffizien ohne Schlange zu erleben, in Ruhe vor den Botticellis zu stehen und die Restaurants zu genießen, ohne reservieren zu müssen. Ebenso in Rom Ende November vor einigen Jahren: Ich konnte es nicht glauben, dass wir an der Kasse zu den Vatikanischen Museen einfach durchgehen konnten, ohne eine Minute anzustehen, und im Belvedere-Hof standen wir ganz allein vor dem Laokoon und dem Apollo. In der Sixtinischen Kapelle zählte ich außer uns noch acht Personen. Das sind geradezu himmlische Zustände, die wir kaum noch gewohnt sind.

Das Prinzip funktioniert übrigens auch umgekehrt: Gerade an besonders heißen Sommertagen können Museen herrliche Orte der Abkühlung sein.

Was ich damit sagen will: Wenn man den Besuch eines großen Museums plant, sollte man versuchen, gegen den Strom zu schwimmen. Das ist tatsächlich leichter gesagt als getan. Die sogenannten Brückentage beispielsweise sind bei vielen Reisenden beliebt, sie führen dementsprechend zu besonders gut gefüllten Museen, ebenso ist es während der Schulferien. Achten Sie auch auf die Tageszeiten. Die Vormittage sind häufig voller als die Mittagszeit, und gegen Abend wird es meistens ruhiger. Mit einer Ausnahme: der Prado in Madrid. Die Schlangen sind den ganzen Tag und das ganze Jahr über relativ lang; aber kurz vor 18 Uhr wachsen sie noch einmal an: Der Prado verlangt nämlich ab 18 Uhr bis zur Schließung um 20 Uhr keinen Eintritt.

Es gibt natürlich immer Mittel und Wege, an den Schlangen vorbeizukommen, aber empfehlen kann man das eigentlich nicht. Man kann versuchen, über den Ausgang hineinzukommen und sagen, man habe den Schirm vergessen.

Neulich las ich, man solle es doch mit einem Kissen unter dem Pullover versuchen, um eine Schwangerschaft vorzutäuschen. Der Autor gab dann auch zu, er habe es selbst noch nicht versucht. Kein Wunder, er war ein Mann.

Oder man bewegt sich abseits der Haupt-Trampelpfade. In Italien gibt es wunderbare Museen mit großartigen Sammlungen, die weniger besucht sind. Beispielsweise in Parma und Cremona, Bologna oder Perugia. In Deutschland scheint es ohnehin so, dass die großen Touristenströme von Berlin, Dresden und München angezogen werden – es sei denn, es ist irgendwo eine bedeutende Ausstellung angesagt. Die Museen in Stuttgart, Mannheim, Karlsruhe, Braunschweig oder Neuburg an der Donau, sogar die Kunsthalle in Hamburg und ganz zu schweigen vom Germanischen Nationalmuseum in Nürnberg trifft man viel seltener überfüllt an.

In den Neunzigerjahren wurde in London, Amsterdam und Berlin eine große Rembrandt-Schau organisiert. Die Berliner Station interessierte mich auch deswegen, weil es zusätzlich zur eigentlichen Ausstellung eine Dokumentations-Sonderausstellung zum *Goldhelm* gab: jenem in Berlin sehr beliebten Gemälde, welches von Wilhelm von Bode Ende des 19. Jahrhunderts als echter Rembrandt angekauft worden war und zu den großen Attraktionen der Berliner Gemäldesammlung zählte – bis dem *Goldhelm* von der gefürchteten Rembrandt-Kommission die Echtheit aberkannt wurde.

Die Ausstellung in Berlin war brechend voll. Ein paar Wochen später plante ich einen Abstecher nach Kassel ein. Die Stadt verfügt über eine sehr gute Sammlung Alter Meister, die von den Landgrafen von Hessen-Kassel hauptsächlich im 17. und 18. Jahrhundert zusammengetragen worden war. Sie beherbergt auch eine ganze Reihe von großartigen Rembrandts, die nicht in Berlin zu sehen gewesen waren. Ich übernachtete in Kassel und stellte mich am nächsten Morgen, einem Mittwoch, pünktlich um 10 Uhr in der Gemäldegalerie ein. Es war schier unglaublich: Ich war den ganzen Vormittag, bis kurz vor 13 Uhr, mutterseelenallein in der Altmeisterabteilung! Lediglich drei Wächter beäugten mich argwöhnisch, die nicht glauben konnten, dass sich da ein einzelner Herr derart intensiv die Bilder anschaut. Ich muss einen ziemlich verdächtigen Eindruck gemacht haben.

Ganz allein im Museum während der normalen Öffnungszeiten: Das ist eben auch nicht das, was man möchte. Eigentlich möchte man ein gut besuchtes Museum erleben. Es ist ein wunderschönes Gefühl, wenn man sich bedeutende Gemälde mit Gleichgesinnten ansehen darf. Nur zu voll sollte es nicht ein. Jedem Kunstinteressierten kann ich nur raten, in den Freundes- oder Förderkreis seines örtlichen Museums einzutreten. Es lohnt sich schon deswegen, weil man die Ausstellungen des Hauses bei einer Vor-Eröffnung sehen darf und man an speziellen Führungen durch die Kuratoren teilnehmen kann.

Ich will noch einmal auf die Frage zurückkommen: Ist Kunst elitär? Das schließt die Fragen an: Für wen ist die Kunst geschaffen worden: für einige wenige Privilegierte oder für die Allgemeinheit? Und für wen ist die Kunst heute da?

Selbstverständlich ist die Kunst heute für die Allgemeinheit da, als kulturelles Bindeglied einer Gesellschaft ist sie nicht mehr wegzudenken. Sie verkörpert einen wichtigen und nicht zu unterschätzenden Teil der Identität eines Landes und seiner Menschen, sie ist aber auch allgemeines und internationales Kulturerbe. Die Zeiten sollten vorbei sein, in denen ein Land oder eine Nation Besitzansprüche auf einen Künstler erhebt. Ich denke da an die Diskussion zwischen Italien und Frankreich, als der Louvre einige Bilder Leonardos aus den Uffizien für eine große Ausstellung entleihen wollte. Es dauerte lange, bis man sich geeinigt hatte. Erst musste Frankreich sich im Gegenzug einverstanden erklären, Gemälde von Raffael nach Italien auszuleihen.

In vielen Ländern, auch in Deutschland, spielt man heute mit dem Gedanken einer strikten Import- und Exportpolitik, die den Austausch von Kunstwerken zwischen den Ländern zu verhindern oder zumindest zu erschweren sucht. Wenn es früher innerhalb der Länder Europas eine solche strikte Exportlizenz-Politik gegeben hätte, wo wäre dann heute die Sixtinische Madonna von Raffael? Sicher nicht in Dresden. Es gäbe keine Rubens-Sammlung in der Pinakothek und keine Leonardos in Paris, London, Sankt Petersburg, Washington oder Krakau. Hätten die Bilder von Rubens die Städte Antwerpen oder Brüssel jemals verlassen dürfen? Hätte jemals ein Raffael oder Leonardo aus Italien ausreisen dürfen? Ein El Greco, Velázquez oder Goya jemals über die Grenzen Spaniens gehen dürfen? Es handelt sich um eine absurde Diskussion. Das Weltkulturerbe gehört der gesamten Menschheit, und keine nationale Regierung der Welt sollte sich hier einmischen. Sie sollten vielmehr den Austausch unterstützen. Kann man sich einen besseren Botschafter für sein Land vorstellen als einen Leonardo oder einen Raffael?

Für wen aber ist die Kunst geschaffen worden: für einige wenige Privilegierte oder für die Allgemeinheit? Die Antwort darauf fällt nicht schwer: Der größte Teil der heute bedeutendsten Kunstwerke der Welt waren Auftragswerke einer kleinen Elite – der Kirche, der regierenden Königs- und Fürstenhäuser, denen wir auch die meisten großen Sammlungen und Museen der Welt verdanken, und einer reichen Bürgerschicht. Es gelang in früheren Zeiten nur wenigen Künstlern, ohne solche Aufträge zu überleben.

Wenn man nach den Motiven der Auftraggeber sucht, führen uns diese immer wieder in die höchst irdischen Gefilde der persönlichen Eitelkeiten, auch und gerade bei der religiösen Kunst, die meist im Auftrag von Päpsten, Kardinälen und Bischöfen oder zumindest eines stolzen Monsignore entstanden ist, zur Ehre Gottes und der eigenen. Ebenso verhält es sich mit den Kunstwerken, die zur Ausstattung der fürstlichen Paläste geschaffen wurden, seien es nun kirchliche Würdenträger oder weltliche Potentaten. Viele der bedeutendsten Kunstwerke der Menschheit haben hier ihren Ursprung: Die Fresken der Stanzen des Raffael wurden für die Privatgemächer der Päpste im Apostolischen Palast des Vatikan geschaffen, und niemand außer den Auftraggebern, den Päpsten Julius II. und Leo X., und dem Inner Circle ihres Hofstaates konnten die Pracht der Fresken Raffaels je zu Gesicht bekommen und ihre Bedeutung ermessen. Anders verhält es sich mit den Kunstwerken in den Kirchen: Auch sie verdanken sich nicht selten der Eitelkeit ihrer Auftraggeber, aber sie waren immerhin von Anfang an für die gläubige Öffentlichkeit zugänglich. Die herrlichen Fresken von Benozzo Gozzoli in der Hauskapelle des Palazzo Medici Riccardi in Florenz hingegen erblickten nur die Mitglieder der Medici-Familie und ihre Gäste. Nur sie konnten mit eigenen Augen sehen, dass der Künstler in den Fresken mit dem Zug der Heiligen Drei Könige die Mitglieder der Medici-Familie verewigte.

Oder denken wir an die großartige Architektur und die Kunstwerke in der Verbotenen Stadt, der riesigen kaiserlichen Residenz in Beijing. Den unzähligen Eunuchen, die eifersüchtig über den letzten Kaiser wachten, würde wahrscheinlich schlecht werden, wenn sie wüssten, welche Menschenmassen sich heute durch die heiligen Hallen wälzen. Oder an König Ludwig II., der seine Mitmenschen derart scheute, dass er sogar die eigene Dienerschaft nicht sehen wollte, wenn sie ihm das Essen servierte. Der Arme würde sich im Grabe umdrehen, wenn er wüsste, wie viele Besucher heute seine Königsschlösser anziehen. Es befriedigt den Voyeurismus der Menschen zu sehen, was sie früher nie hätten sehen dürfen, etwa die Privatgemächer Phillips II. im Palast von El Escorial. Oder nehmen Sie Buckingham Palace: Während der Sommermonate bilden sich davor stets lange Schlangen von Besuchern, neugierig darauf, das Innere des Palastes zu inspizieren – was nur möglich ist, wenn sich die Queen und die Royal Family auf ihrem Sommersitz in Balmoral aufhalten.

Mit dem Beginn der Moderne hat sich das Verhältnis von Auftraggeber und Künstler grundlegend verändert. Die meisten Künstler schaffen ihre Kunst heute zuerst für sich und versuchen dann, mithilfe von Galeristen ihre Werke auf dem Kunstmarkt zu verkaufen. Aber auch heute gibt es selbstverständlich immer noch Auftraggeber für die Kunst, und die Motivation dafür hat sich im Grunde genommen nicht verändert. Die Familie, die ihr Haus mit Zeitgenössischer Kunst bestückt, handelt nicht anders als der Fürst im 18. Jahrhundert: Sie will ihre Gäste beeindrucken. Auch wenn es große Kunstenthusiasten gibt, die tatsächlich für die Kunst leben und sich aus diesem Grund mit Kunstwerken umgeben wollen: Es spielt auch immer der Stolz des Sammlers über das im Leben Erreichte hinein. Und das muss ja nicht unbedingt etwas Schlechtes sein.

Große Ausstellungen: Eventkultur oder Eye-Opener?

Für ein Museum oder eine Ausstellungshalle ist die Organisation einer guten Ausstellung ein aufwendiges Unternehmen. Von der ersten Idee und dem Beginn der Planungen bis zur Eröffnung vergehen meist Jahre. Im Gegensatz zur permanenten Sammlung des Hauses geht es hier meist um ein bestimmtes Thema oder einen besonderen Künstler oder eine Gruppe von Künstlern, über die die Kuratoren gearbeitet haben und deren Ergebnisse sie dem Publikum präsentieren möchten.

Als Besucher einer Ausstellung – des fertigen Produkts sozusagen – macht man sich keine Vorstellung vom Aufwand, der hierfür betrieben werden muss. Eine Ausstellung ist meist das Ergebnis jahrelanger Forschungsarbeit, oder es handelt sich um die Präsentation einer geglückten Restaurierung. Am Anfang der Planungen steht meist die Wunschliste der Objekte. Recht schnell stellt sich heraus, ob es eine realistische Liste ist, spätestens dann, wenn man die potenziellen Leihgeber abgeklopft hat. Ein Budget muss erstellt werden, die Kosten müssen realistisch geschätzt werden, und frühzeitig wird man sich um zuverlässige Sponsoren kümmern. Bevor man die Leihanfragen hinausschickt, muss jedoch das Konzept stehen: Je schlüssiger es ist, umso wahrscheinlicher ist es, dass die Leihgeber zusagen. Dann geht es an die Leihverträge. Der Leihgeber möchte wissen, wie lange auf das Werk verzichtet werden muss und ob es weitere Stationen der Ausstellung geben wird. Die Transporte müssen organisiert und Versicherungen abgeschlossen werden. Dann schlägt die Stunde der Restauratoren. Das Veto eines Restaurators hat schon so mancher Leihanfrage ein jähes Ende gesetzt. Man wird sich an die Diskussionen erinnern, als das Nürnberger Germanische Nationalmuseum das Selbstporträt von Albrecht Dürer aus der Münchner Pinakothek ausleihen wollte. Der aus Nürnberg stammende Finanzminister hatte eine vorschnelle Zusage gegeben, der von München aus sofort widersprochen wurde. Ich war zufällig mit amerikanischen Freunden in der Alten Pinakothek, als ich im Saal der Altdeutschen Malerei Zeuge einer seltenen Zusammenkunft wurde: Die Vertreter Nürnbergs und der Pinakothek hatten sich vor dem Selbstporträt versammelt, um eine Entscheidung in dieser kniffligen Frage zu treffen. Am Ende waren es die Restauratoren, die sich dem Transport nach Nürnberg vehement entgegenstellten, und so blieb das Bild in München hängen.

Bei einer Ausstellung geht es nicht ohne die Restauratoren: Sie müssen für den sicheren Transport der Kunstwerke sorgen und sowohl beim Eintreffen der Objekte als auch beim Abtransport mit den Verantwortlichen des Leihgebers eine genaue Bestandsaufnahme vornehmen. Wenn die Objekte schließlich eintreffen, ist bereits die letzte Runde eingeläutet. Dem geht die Detailplanung der Ausstellungsräume voraus, der Ausstellungsarchitektur, die Planung der Lichttechnik, das Design und die technische Detailplanung.

Dann endlich naht der glückliche Tag der Eröffnung. Die Aktivitäten des gesamten Hauses werden immer hektischer.

Die ersten Interviews werden gegeben, die Pressearbeit läuft auf Hochtouren, die Führungen werden geplant und die Einladungskarten versandt. Die Mitglieder der Freundeskreise und Förderer werden zur Preview eingeladen. Als privilegierter Gast einer solchen Preview ist es immer wieder spannend, wenn man kurz vor der Eröffnung die Ausstellungsräume betreten darf und Zeuge einer Ausstellung *in the making* wird: Die letzten Bilder werden noch hereingetragen, die Schilder sind noch nicht platziert, und die Beleuchtung ist noch nicht eingestellt. Das Hängekonzept wird noch ein letztes Mal überprüft: Ist die Höhe in jedem Fall richtig? Hat man bedacht, dass sich in den Räumen viele Menschen aufhalten werden, die sich womöglich gegenseitig die Sicht versperren?

Das alles gilt es zu bedenken, und vieles mehr. Die Checkliste der Kuratoren ist umfangreich. Die Planung einer Ausstellung bis zum Tag der Eröffnung, an dem sich die Besucher staunend vor den Kunstwerken drängen, ist ein langer und arbeitsamer Weg

Den Ausstellungskatalogen kommt dabei eine sehr wichtige Funktion zu. Längst sind sie viel mehr als nur ein Begleitkatalog oder Führer zur Ausstellung. Ein guter Katalog wird zur weiterführenden Literatur auf dem jeweiligen Gebiet und reiht sich in die Standardliteratur der Bibliotheken zum behandelten Thema ein. Die darin enthaltenen Essays über die Künstler und ihre Zeit, die kunsthistorische Einordnung ihrer Werke – all das nimmt inzwischen häufig einen größeren Teil des Buches ein als die Beschreibung der ausgestellten Objekte.

Gut geplante Ausstellungen sind daher heute tatsächlich dazu geeignet, dem aufmerksamen Besucher die Augen zu öffnen. Den Reigen wichtiger Ausstellungen, an die ich mich besonders gern erinnere, möchte ich in Paris beginnen.

Ende 1991 sah ich im Grand Palais eine Ausstellung, die ein echter Augenschmaus war: *Les Amours des Dieux. La Peinture Mythologique de Watteau à David.** Man konnte dort auf wunderbare Weise die französische Malerei des 17. und 18. Jahrhunderts studieren: von den Barockmalern wie Pierre Mignard und Charles de La Fosse, die noch eine sehr heroische Malerei feierten, bis zu den verspielteren Darstellungen eines Antoine Coypel, der schon das Rokoko ankündigte. Jean-Antoine Watteau war mit einigen kleinen Formaten vertreten, der Maler, den Friedrich der Große in Potsdam sehr verehrte, ebenso wie Jean-François De Troy, der mit großen Darstellungen der Göttin Diana mit ihren Gespielinnen aus der Berliner Gemäldegalerie, aus Nancy und Basel zu sehen war. De Troy ist uns bereits mit seinem genialen *Austernfrühstück* in der Sammlung des Schlosses Chantilly begegnet. Gemeinsam war all diesen Bildern, dass sie die Götter der antiken Mythologie mit ihren diversen Liebesgeschichten darstellten, wie sie ausführlich in den *Metamorphosen* des Ovid beschrieben worden sind.

Es soll vorkommen, dass man auf Reisen Bildern des Museums der eigenen Heimatstadt begegnet, die man noch nie gesehen hat. Mir erging es jedenfalls so: Von Charles-Antoine Coypel hatte es ein Bild aus der Sammlung der Münchner Pinakothek nach Paris geschafft, das in München normalerweise nicht ausgestellt wurde: *Herkules und Omphale.*** Herkules, den wir ansonsten nur von seinen kraftstrotzenden Heldentaten kennen, hat sich unsterblich in die Königin Omphale verliebt, der er wie ein Sklave zu Diensten war. Ausgerechnet ihn, die Verkörperung des antiken Machos,

* Katalog: Colin Bailey, Les Amours des Dieux, Grand Palais, 1991

** https://www.sammlung.pinakothek.de/de/artist/charles-antoine-coypel/herkules-und-omphale#&gid=1&pid=1

hielt sie zur Hausarbeit an: Er musste Wolle spinnen und Frauenkleider tragen, während sie sich mit seinem Löwenfell und seiner Keule schmückte (heute würde man dazu *cross-dressing* sagen). Unser Held schien der Königin, zumindest eine Zeit lang, vollkommen hörig zu sein, bis er eines Tages wie aus einem schlechten Traum erwachte und weiterzog. Die französischen Zeitgenossen bezogen Bilder mit solchen Darstellungen verweichlichter Männer, die ihren Frauen untertan waren, gerne auf das Verhältnis ihres Königs Louis XV und seiner allmächtigen Maitresse Madame de Pompadour, die auf den König eine Macht ausübte, die allenthalben kritisiert wurde. Man konnte mit diesem Motiv auf sehr elegante Weise Kritik üben, ohne die eigentliche Sache auszusprechen. Man ergötzte sich an einem vermeintlich unverfänglichen Bild mit einem Sujet aus ferner Zeit, und doch wusste in den gebildeten Kreisen des Hofes jeder, worum es eigentlich ging.

Vieles habe ich beim Besuch dieser Ausstellung in Paris gelernt. Zum einen gab sie einen hervorragenden Überblick über die französische Malerei jener Zeit, beschränkte sich jedoch auf die Thematik der Liebesgeschichten der antiken Götterwelt. Dass die Maler in der Mitte des 18. Jahrhunderts die antiken Götter und ihre Liebesbeziehungen nicht im luftleeren Raum stehen ließen, sondern sie durchaus tagespolitisch interpretiert sehen wollten, war eine weitere wichtige Erkenntnis. Es bestätigte, dass auch eine vermeintlich nur dekorative Malerei aktuelle Bezüge herstellen kann – wie im Grunde genommen zu fast allen Zeiten. Und schließlich öffnete mir die Ausstellung die Augen für die vielfältigen Darstellungen der antiken Mythologie, wie sie in allen Epochen der Kunstgeschichte immer wieder auftauchen.

In Rom gibt es eine Ausstellungshalle, nach deren Programm Ausschau zu halten sich fast immer lohnt: Le Scuderie del Quirinale. Oben auf dem weiten Platz des Quirinal, mit einem beeindruckenden Blick auf das Centro Storico der Ewigen Stadt, liegen die Scuderie direkt gegenüber dem Palazzo del Quirinale, dem früheren päpstlichen Palast und heutigen Sitz des italienischen Staatspräsidenten. Die Scuderie waren ursprünglich die päpstlichen Stallungen oder der Marstall; bis zur umfangreichen Restaurierung der Gebäude in den Neunzigerjahren haben sie als Kutschenmuseum gedient.

Heute zählt der prachtvolle Bau zu den erfolgreichsten Ausstellungshallen Italiens mit einem sehr ambitionierten Programm.

Eine unvergessliche Ausstellung fand dort im Jahr 2007 statt: *Dürer e l'Italia.** In dieser Ausstellung konnte man erkunden, wie Dürer und die italienische Malerei sich gegenseitig beeinflusst haben. Dürer hatte die italienischen Maler auf seiner Italienreise kennengelernt und war von den Gemälden eines Bellini und Mantegna, eines Leonardo und Lorenzo di Credi beeindruckt. Umgekehrt konnte man den Einfluss Dürers auf seine italienischen Malerkollegen – wie beispielsweise Pontormo oder die Brüder Carracci, aber auch Tizian – erkennen. Viele große Museen hatten sich mit Leihgaben beteiligt. Die Uffizien hatten Dürers Meisterwerk *Anbetung der Könige* eigens für die Ausstellung restaurieren lassen. Vor allem war auch Dürers umfangreiches Werk an Zeichnungen und Holz- und Kupferstichen in der Ausstellung zu sehen. Etliche dieser Werke Dürers gelangten schon früh in italienische Sammlungen, hauptsächlich bei den Medici, und trugen so dazu bei, seinen Einfluss auf die italienischen Künstler zu verstärken.

* Katalog: Kristina Herrmann Fiore, Dürer e l'Italia, Scuderie del Quirinale, Roma 2007

Es gab viele Gegenüberstellungen, mit faszinierenden Parallelen bei einigen Landschaftsbildern, bei Porträts und bei religiösen Darstellungen wie zum Beispiel der Kreuzabnahme. Hier war der gegenseitige Einfluss besonders offensichtlich: Das Urteil, wer letztlich wen beeinflusste, dürfte eine schwierige kunsthistorische Aufgabe bleiben. Aber manchmal kann es für Museumsgänger bereits eine große Bereicherung sein, die richtige Frage zu stellen.

In der Ausstellung *Lorenzo Lotto* in den Scuderie* im Jahr 2011 begegnete ich zum ersten Mal der *Verkündigung* von Lorenzo Lotto aus dem Städtchen Recanati, ein Bild, das ich weiter oben beschrieben habe. Ich sah dort Meisterwerke, die man sonst nie erlebt, außer man unternimmt eine Rundfahrt und besucht die Kirchen, Klöster und lokalen Museen in den Marken, wie eben in Recanati. Eines der beiden Stockwerke der Scuderie war den großen Altären vorbehalten, die eigens für diese Ausstellung restauriert worden waren und danach wieder in die Kirchen zurückgekehrt sind. Wenn eine Ausstellung das Attribut verdient: »Einmal und nie wieder«, dann war es diese.

Lorenzo Lotto begegnete mir ein paar Jahre später in einer Ausstellung in der National Gallery wieder, die ausschließlich seinen Porträts vorbehalten war.** Die erste Station war der Prado gewesen, bevor sie nach London kam. Diese Ausstellung konzentrierte sich auf einige der besten Porträts des Venezianers, darunter auch das fabelhafte *Porträt of a Young Man with a Lamp* aus dem Kunsthistorischen Museum in Wien – oder wie es dort heißt: *Bildnis eines Jünglings vor wei-*

* Giovanni Carlo Federico Villa, Lorenzo Lotto, Scuderie del Quirinale, Roma 2011

** Katalog: Enrico Maria Dal Pozzolo und Miguel Falomir, Lorenzo Lotto Porträts, Prado Madrid, and National Gallery London, 2018

*ßem Vorhang.** Das ist Porträtkunst auf dem Zenit von Lorenzo Lottos Entwicklung und ein Höhepunkt der europäischen Porträtmalerei. Das Bildnis des jungen Mannes ist von einer solchen Realitätsnähe, dass man davon überzeugt sein kann, einem realen Menschen gegenüberzustehen – mit all seinen Makeln und Fehlern und gleichzeitig mit der Intensität seines Blicks, der den Betrachter ins Visier nimmt. Denn der junge Mann entspricht keinem Schönheitsideal. Seine Nase ist zu lang, die Augen sitzen ein wenig tief, und mitten auf der Stirn hat eine Warze Platz genommen. Aber beeindruckend ist die Wahrhaftigkeit, die der Jüngling in diesem Porträt ausstrahlt, und noch dazu eine Lässigkeit, eine Nonchalance – oder wie man es auf Italienisch ausdrückt: *sprezzatura* –, die das Auftreten des Edelmanns mühelos und wie selbstverständlich erscheinen lässt.

Die Ausstellung in der National Gallery war ein Kleinod, sie war nicht groß, aber dafür umso schöner. Und dennoch war sie nicht so gut besucht, vielleicht weil gleichzeitig in den Hauptausstellungsräumen eine parallel laufende Ausstellung die großen Besucherströme anzog: *Mantegna and Bellini.***

Es ist immer wieder faszinierend zu sehen, wie eine Ausstellung mit mehreren Stationen von Ort zu Ort völlig anders aussehen kann. Ein Beispiel für dieses Phänomen ist die große Ausstellung dieser beiden verschwägerten Künstler. In der National Gallery wirkte *Mantegna and Bellini* wie eine sehr intellektuelle und intime Zusammenstellung von Gemälden der beiden Künstler, die sich gegenseitig beeinfluss-

* https://www.khm.at/objektdb/detail/1125/

** Katalog: Caroline Campell, Dagmar Korbacher, Neville Rowly and Sarah Vowles, Mantegna and Bellini, National Gallery London und Staatliche Museen zu Berlin, London 2018

ten und inspirierten – und sogar häufig das gleiche Motiv schufen und in ihrer jeweils eigenen Art interpretierten. Wobei sie oft gar nicht so weit auseinanderlagen: Bei manchen nebeneinander hängenden Beispielen war es auf Anhieb gar nicht so einfach – ohne Zuhilfenahme der Schilder –, die beiden Künstler auseinanderzuhalten. Aber wie viel lernte man dabei, wenn man bei mehrfachem, intensivem Beobachten der Unterschiede gewahr wurde.

In der Berliner Gemäldegalerie wurde die Ausstellung um einige Werke, vor allem Zeichnungen aus dem Kupferstichkabinett, erweitert und in der großen Mittelhalle präsentiert. Keine Intimität, wie noch in London, stellte sich ein, sondern eine Grandezza und Großzügigkeit, die der weiten Architektur des Raumes geschuldet war, aber auch den großen, verschiedenfarbigen Wänden, die den einzelnen Gemäldegruppen ihren eigenen Charakter verliehen, während in London in der gesamten Ausstellung ein gedeckter Farbton verwendet worden war. Dieselbe Ausstellung an zwei Orten, und doch so verschieden. Man musste sie an beiden Stationen erleben, um sie ganz zu erfassen.

In London war eines der großen Ausstellungsereignisse des Jahres 2011 die Leonardo-Ausstellung in der National Gallery. Eine Schau, die diesem größten Universalkünstler aller Zeiten gewidmet ist, wird immer etwas Besonderes sein, auch weil es wegen der Kostbarkeit und Empfindlichkeit der einzelnen Bilder sehr schwer geworden ist, bedeutende Leihgaben aus anderen Museen zu erhalten. Der National Gallery ist dies im Falle von *Leonardo da Vinci, Painter at the Court of Milan** auf sehr beeindruckende Weise gelungen. Klugerweise hat man die Schau bereits einige Jahre vor dem großen

* Katalog: Luke Syson and Larry Keith, Leonardo Da Vinci: Painter at the Court of Milan, National Gallery London 2011,ISBN 978-1-85709-491-6

Leonardo-Jubiläum, dem 500. Todestag im Jahr 2019, terminiert – wohl wissend, dass kurz vor oder im Jubiläumsjahr 2019 keine Chance bestünde, wichtige Leihgaben beispielsweise aus dem Louvre zu erhalten, da der Louvre mit seinem bedeutenden Leonardo-Bestand selbst eine Ausstellung für den großen Meister organisierte. Und so konnten sich die beiden Häuser in London und Paris auf eine sensationelle Vereinbarung verständigen, nämlich sich gegenseitig ihre jeweilige Version der Felsgrottenmadonna auszuleihen. Damit erhielten die Besucher die einmalige Gelegenheit, beide Gemälde in einem Raum zu erleben. Das war für sich schon eine Sensation, wahrscheinlich sind diese beiden grandiosen Altarbilder nicht mehr vereint gewesen, seit sie Leonardos Werkstatt verlassen haben. Erst die zweite Fassung wurde damals von den Auftraggebern akzeptiert, den Franziskanermönchen der Bruderschaft der Unbefleckten Empfängnis, für ihre Kirche San Francesco Grande in Mailand. In der National Gallery hingen beide Versionen in einem Raum an gegenüberliegenden Wänden, und so konnte man den Blick von einem Bild zum anderen hin und her schweifen lassen.

Im unmittelbaren Vergleich konnte man versuchen zu verstehen, warum die Auftraggeber die erste Version nicht akzeptieren wollten.

Ungewöhnlich war schon Leonardos Idee, den Schauplatz für die Muttergottes mit dem Jesusknaben, dem kleinen Johannes und dem Erzengel Uriel in eine Felsengrotte zu verlegen. Düster und bedrohlich steigen die Felsentürme um die heilige Gruppe in die Höhe, während Leonardo im Hintergrund den Ausblick auf ein Gewässer freigibt, das wiederum von schroffen Felsen umgeben ist. In dieser Grotte kniet die Muttergottes und umfängt mit ihrer Rechten einen der beiden Knaben, und ihre Linke schwebt beschützend über dem anderen Kind, das segnend seine Hand hebt und dem anderen Knaben entgegenblickt. Er wird von dem hinter ihm knienden Engel gestützt. Die Gruppe wird magisch und recht dramatisch von einer verborgenen Lichtquelle erleuchtet.

In der zweiten, der Londoner Version, sind die Rollen der Beteiligten eindeutig und unmissverständlich verteilt. Der Knabe zur Linken, der von der Mutter Maria beschützend gehalten und betrachtet wird, ist der kleine Johannes der Täufer. Er ist an seinem langen Kreuz zu erkennen, das er gegen seine Schulter gelehnt hat, um beide Hände zum Gebet zu vereinen. Somit ist der andere Knabe Jesus, der vom Engel gestützt wird und über dessen Kopf die schützende Hand der Mutter schwebt.

Die erste Version scheint dagegen mehrdeutig. Es fehlen die Attribute, und eigenartigerweise zeigt der Engel mit ausgestrecktem Finger, unter der schwebenden Hand der Mutter hindurch, auf den Knaben zur Linken. Die Mönche empfanden diese Darstellung offenbar als fremd, wenn nicht sogar als blasphemisch, da nicht der Jesusknabe, sondern der kleine Johannes die Hauptrolle einzunehmen schien. Alleine für diesen unmittelbaren Vergleich der beiden Felsgrottenmadonnen lohnte die Reise zur National Gallery.

In London war außerdem das für mich schönste Porträt von Leonardo ausgestellt: *Die Dame mit dem Hermelin** aus der Krakauer Czartoryski-Sammlung. Die junge Frau hält auf ihrem Schoß ein Wiesel oder Hermelin in weißem Winterpelz – ein scheues Tier, das seit dem Mittelalter hohe Symbolik besaß. Der makellose, weiße Pelz mit der schwarz gefärbten Schwanzspitze war den Gewändern von Fürsten, Königen und Päpsten vorbehalten.

* https://de.wikipedia.org/wiki/Dame_mit_dem_Hermelin#/media/File:The_Lady_with_an_Ermine.jpg

Unsere schöne Dame, Cecilia Gallerani, die Geliebte des Herzogs Ludovico Sforza, ist anscheinend plötzlich abgelenkt und wendet sich nach rechts; ihr edles Schoßtierchen ist ebenfalls aufgeschreckt und blickt in dieselbe Richtung. Der Gesichtsausdruck der Bella Donna verrät ein zartes Lächeln, als würde sie sich über das plötzliche Ereignis freuen, während das Tier von ihr festgehalten werden muss. Womöglich ist es der Herzog, der überraschend zur Tür hereingetreten ist, aber das bleibt der Vorstellung des Betrachters überlassen. Einem Porträt eine derartige Lebendigkeit einzuhauchen ist in der Porträtkunst um 1490 etwas grundlegend Neues.

Ich sah *Die Dame mit dem Hermelin* erstmals vor vielen Jahren durch Zufall in einer Ausstellung in San Francisco, und ich war sofort davon überzeugt, dass dieses Porträt der Cecilia Gallerani der Mona Lisa überlegen ist – trotz ihrer unbezweifelbaren kunstgeschichtlichen Bedeutung und der Legendenbildung um sie herum. Hinzu kommt, dass dieses Porträt im Gegensatz zur Mona Lisa in einem sehr guten Zustand ist. Die Mona Lisa ist leider ohnehin fast nur noch auf Abbildungen zu bewundern, da sie in Paris zu allen Zeiten derart umlagert ist, dass man noch nicht mal in ihre Nähe kommt. Um sie vor dem Andrang der Besucher zu schützen, hat man sie entsprechend entrückt und in einem gläsernen Käfig platziert, sodass man allenfalls noch eine Ahnung von ihr, das heißt, einen briefmarkengroßen Eindruck erhascht. Den schlechten Zustand hat sie leider mit Leonardos *Abendmahl* im Refektorium der Mailänder Kirche Santa Maria delle Grazie gemein. Und dennoch sollte man anlässlich eines Mailand-Aufenthaltes versuchen, das *Cenacolo* zu sehen – man kann sich über das Internet ein Ticket für ein bestimmtes Zeitfenster sichern. Keine noch so gute Abbildung kann den unmittelbaren Eindruck ersetzen, erst recht nicht bei einem Meisterwerk wie diesem!

Ein weiteres – höchst umstrittenes – Gemälde war in der Londoner Ausstellung zu sehen: *Salvator Mundi,* das ein paar Jahre später für die Rekordsumme von 450 Millionen Dollar versteigert wurde. Es wurde kritisiert, dass die Eigentümer des Bildes die Ausstellung in der National Gallery gleichsam als »Durchlauferhitzer« für den bevorstehenden Verkauf missbrauchten. Andererseits wurde meines Erachtens auch mit Recht moniert, dass die Kuratoren der National Gallery ein Bild, das zum damaligen Zeitpunkt bei Weitem nicht von allen Experten als eigenhändiger Leonardo anerkannt war, überhaupt in die Ausstellung aufgenommen hatten. Wie dem auch sei: Es wurde dann zum Rekordpreis versteigert, und es wird heute mehr denn je angezweifelt. Es ist auch bis heute nicht, wie ursprünglich geplant, im Louvre Abu Dhabi ausgestellt worden.

Die Royal Academy in London ist in den vergangenen Jahren mehrfach Schauplatz außerordentlicher Ausstellungen gewesen – darunter im Jahr 2018 *Charles I.** Der englische König aus dem 17. Jahrhundert war ein großer Kunstliebhaber. Politisch hatte er allerdings kein glückliches Händchen, er geriet in kriegerische Auseinandersetzungen mit Spanien und hatte ständig Schwierigkeiten mit dem Parlament, das ihn nach mehreren Bürgerkriegen schließlich entmachtete und im Januar 1649 hinrichten ließ. Als Sammler bewies er weit größere Fähigkeiten. Sein größter Coup war es, die Sammlungen der Herzöge von Gonzaga aus Mantua zu erwerben, darunter hervorragende Gemälde von Correggio, Tizian und Veronese. Es waren indessen vor allem die neun großformatigen Leinwände von Andrea Mantegna mit dem Triumphzug von Julius Caesar, die die Bewunderung der da-

* Katalog: Per Rumberg, Desmond Shaw-Taylor, Charles I: King and Collector, Royal Academy of Arts, London 2018

maligen Zeit erregten. Diese berühmte Serie war von Mantegna für den Hof in Mantua geschaffen worden. Auch große Meister der nördlichen Renaissance wie Dürer, Holbein und Pieter Brueghel befanden sich in der Sammlung. Der Lieblingsmaler des Königs war jedoch Anthonis van Dyck, der Charles unzählige Male in immer neuen Posen porträtierte. Nach der Hinrichtung des Königs wurde der größte Teil der Sammlung in alle Winde zerstreut, und nur ein Teil der Bilder konnte später von seinem Sohn Charles II. zurückerworben werden. Diese Ausstellung hat es geschafft – mit vielen Leihgaben aus der ganzen Welt und natürlich aus der Royal Collection –, einen Eindruck von der Sammelleidenschaft des Mannes zu vermitteln, der als König versagte und als Sammler Triumphe feierte – bis zum heutigen Tag.

Von London nach Wien. Das dortige Kunsthistorische Museum birgt mehrere Museen unter einem Dach: die Gemäldesammlung, die Kunstkammer und die Antikensammlung. Jede dieser Sammlungen für sich ist von allererstem Rang, und man braucht mehrere Tage, bis man das Haus mit seinen Schätzen einigermaßen überblickt. Die Ägyptische Sammlung ist eine der bedeutendsten der Welt, und allein in der Griechisch-Römischen Sammlung kann man sich einen ganzen Tag aufhalten. Nicht weniger bedeutend ist die Kunstkammer, die zusammen mit dem Grünen Gewölbe in Dresden und dem Bayerischen Nationalmuseum in München weltweit in der ersten Liga spielt. Ihr berühmtestes Objekt, die *Saliera** von Benvenuto Cellini, wurde spätestens im Jahr 2003 zur Berühmtheit, als es einem spektakulären Raubzug zum Opfer fiel. Inzwischen ist dieses schönste aller Salz- und Pfeffergefäße wieder da und so streng gesichert und bewacht, dass ihm nichts mehr passie-

* https://www.khm.at/objektdb/detail/87080/

ren kann – außer, dass es die Bewunderung der vielen Besucher auf sich zieht.

Der Bestand an Bildern von Pieter Brueghel dem Älteren im Kunsthistorischen Museum in Wien ist mit zwölf großformatigen Bildern der größte der Welt. Daher war es naheliegend, dass eine umfassende Ausstellung der Bilder dieses bedeutendsten flämischen Malers des 16. Jahrhundert, wenn überhaupt, in Wien stattfinden musste. Und es gelang dem KHM tatsächlich, die umfangreichste Ausstellung seiner Werke unter einem Dach zu vereinen und so den 450. Todestag von Pieter Bruegel zu feiern: *Bruegel: Die Hand des Meisters**. Pieter Bruegel der Ältere war der Stammvater einer ganzen Maler- und Künstlerdynastie. Seine Söhne und Enkel, die ihren Familiennamen mit »h« schrieben – also Pieter Brueghel der Jüngere, Jan Brueghel der Ältere, dessen Sohn Jan Brueghel der Jüngere –, und weitere Mitglieder der Familie folgten im 17. Jahrhundert seinem Beispiel. Sie waren weit produktiver als ihr Stammvater, von dem sich insgesamt nur etwa vierzig Werke erhalten haben. Wenn heute im Kunstmarkt von Pieter Brueghel gesprochen wird, ist meist der Jüngere gemeint, der die erfolgreichen Motive des Vaters ein halbes Jahrhundert später ein paar Mal wiederholte. Heute weiß die Forschung, die zum Teil auch das Ergebnis der Vorbereitungen zu dieser Ausstellung war, dass der Sohn zu fast allen Bildern des Vaters passgenaue und formatgleiche Vorlagen besaß, die der Vater in der Werkstatt zurückgelassen hatte. Auf diese Weise konnte er zum Ruhm des Vaters auch noch lange nach dessen Tod beitragen und den Erfolg der Werkstatt fortführen. Erst sein jüngerer Bruder Jan ist aus dem Schatten des Vaters getreten, was wiederum Pieter der

* Sabine Haag (Hrsg.), Pieter Brueghel: Die Hand des Meisters, Wien 2018, ISBN 978-3-7630-2807-8

Jüngere nie geschafft hat. Dennoch – und in Ermangelung an Werken des Vaters – ist Pieter Brueghel der Jüngere heute ein gesuchter Meister.

Eines der Motive von Pieter Bruegel dem Älteren, das nicht nur vom Sohn, sondern auch von mehreren anderen flämischen Malern des 17. Jahrhunderts in vielen Versionen nachempfunden wurde, ist der *Turmbau zu Babel**. Davon gibt es von Pieter Bruegel zwei Fassungen, eine aus dem Kunsthistorischen Museum und die andere aus Rotterdam vom Museum Boijmans Van Beuningen. Wahrscheinlich hingen diese beiden Bilder in dieser Ausstellung zum ersten Mal überhaupt nebeneinander. Der Turm zu Babel ist ein riesiger Stufenbau, in dem man von Stockwerk zu Stockwerk über Rampen immer höher, bis an den Rand der Wolken, hinaufsteigen kann. Die ungeheure Dimension erkennt man im Vergleich zu den winzigen Häusern der Stadt, an deren Rand der Turm entsteht. Es ist eine riesige Baustelle, und man sieht Hunderte von Arbeitern, die auf allen Etagen des Bauwerks zu Gange sind. Durch den unmittelbaren Vergleich der beiden Gemälde erkennt man den entscheidenden Unterschied: Auf dem Wiener Bild wird der Turm teils aus einem massiven Fels gehauen und im Innenausbau mit Ziegelbauten ergänzt, während der Rotterdamer Turm ganz aus Ziegeln und Steinen erbaut ist. Zum Teil haben sich Menschen dort bereits wohnlich niedergelassen, während andere ringsherum, ohne aufeinander zu achten, stetig weiterbauen. Auf dem Wiener Bild erscheint im Vordergrund der babylonische König Nimrod, um den Fortgang des Baues zu inspizieren, einige Bauarbeiter werfen sich vor ihm ehrerbietig zu Boden. Auf dem Rotterdamer Bild dagegen muss der Turm, der hier schon um einige Stockwerke erweitert und höher ist, ohne den

* https://www.bruegel2018.at/der-turmbau-zu-babel/

Bauherrn auskommen. Durch die Dimensionen, die den einzelnen Menschen auf Ameisengröße reduzieren, schafft Bruegel einen Ausdruck für den Hochmut des Menschen. Denn dieser monströse Bau ist unweigerlich dem Untergang und der Zerstörung geweiht. Die Sinnlosigkeit dieses menschlichen Tuns wird dem Betrachter vor Augen geführt.

Auf einem anderen, aus dem Prado nach Wien gereisten Bild, *Der Triumph des Todes**, treibt Bruegel die Hilflosigkeit des Menschen auf die Spitze. Heerscharen von Skeletten fallen über die Menschen her und treiben sie auf die verschiedensten und grausamsten Weisen in den Tod. Ein grausliches Panoptikum, welches zudem ohne jegliche Hoffnung auf Erlösung auskommt, was dem Betrachter jener Zeit geradezu blasphemisch vorgekommen sein muss. Aber nicht ohne schwarzen und abgründigen Humor stellt Bruegel die einzelnen Szenen dar: das Skelett in Ritterrüstung, das in den Goldtöpfen eines Königs wühlt, oder als Mönche verkleidete Skelette, die eine Leiche im offenen Sarg hinter sich herziehen, oder ein als Narr verkleidetes Skelett, das einer flüchtenden nobel gekleideten Dame noch schnell einen Totenkopf und ein paar Knochen auf dem Silbertablett serviert. Nur ein Liebespaar hat noch nichts von dem Grauen bemerkt: Sie singen und spielen auf der Laute und bleiben in ihrer Liebe blind vor dem, was um sie herum geschieht. Auch haben sie hinter sich den Tod noch nicht bemerkt, der den beiden auf der Geige ihr letztes Lied spielt.

Der Katalog zu dieser Ausstellung begeht neue Wege. Ein Teil mit den Essays zum Stand der Bruegel-Forschung erschien digital zum Herunterladen. Auch diese Ausstellung

* https://www.museodelprado.es/en/the-collection/art-work/the-triumph-of-death/d3d82b0b-9bf2–4082-ab04–66ed53196ccc?searchid=ee4c72aa-eb31-f2f5–9356-d608fe56e50c

war einzigartig; sie wird in der Form – zumindest zu meinen Lebzeiten – nie mehr zu sehen sein.

Kehren wir am Ende unseres Besuchs wichtiger Ausstellungen, die als Augenöffner eine besondere Rolle einnehmen und deren Aufzählung immer kursorisch bleiben muss, nach München zurück.

Die Alte Pinakothek in München hat zwar ihre prachtvollen Sammlungen, aber lange Zeit gab es keine Räume für Sonderausstellungen. Die erste Ausstellung, mit der diese eingeweiht wurden, war 2018 *Florenz und seine Maler**, eine außerordentlich gelungene Schau, der viel Forschungsarbeit über den Bestand der Alten Pinakothek vorausging. Sie konnte mit bedeutenden Leihgaben glänzen, die den an sich schon beeindruckenden Bestand der Alten Pinakothek ergänzten, darunter die prachtvolle *Anbetung der Könige* von Botticelli aus den Uffizien, in der der Meister nicht nur sich selbst, sondern auch prominente Mitglieder der Familie Medici verewigte. Dem schönen Jüngling von Filippino Lippi aus der National Gallery in Washington wurde für das Plakat der Ausstellung eine reflektierende Sonnenbrille aufgesetzt, um ihn ins Hier und Heute zu holen – als Typ des selbstbewussten jungen Mannes, wie er heute noch genauso in der Toskana herumläuft.

Der krönende Abschluss der Ausstellung war die Präsentation des Altarbildes von Sandro Botticelli, der *Beweinung Christi***, das rechtzeitig einer erfolgreichen Restaurierung unterzogen worden war. Das Bild hatte im Lauf der Zeit mehrere Übermalungen erfahren, und es konnte jetzt wieder

* Katalog: Andreas Schumacher (Hrsg.): Florenz und seine Maler, München 2018, ISBN 978-3-7774-3064-5

** https://www.sammlung.pinakothek.de/de/artist/sandro-botticelli/beweinung-christi

in seinen ursprünglichen kräftigen Farben glänzen: Der Leichnam des Sohnes liegt über dem Schoß der Mutter, die ihrerseits ohnmächtig geworden ist und von Johannes gestützt wird, umgeben von den anderen Marien und den Heiligen Petrus, Paulus und Hieronymus, die eigentlich nicht zum ursprünglichen Personal der Geschichte gehören, aber hier als Zeugen des tragischen Augenblicks hinzugezogen wurden. Das Gemälde konnte nur deswegen von König Ludwig I. für seine Sammlung erworben werden, weil es einst von dem Florentiner Commissario, der für Napoleon die Kunstschätze der aufgelösten Klöster inventarisierte, unterschlagen worden war. Statt es an seinen Auftraggeber weiterzureichen, hielt er das Bild ein Jahr lang in einem Pferdestall versteckt. So blieb es unerkannt und konnte schließlich im Jahr 1814 nach München gelangen. Diesem untreuen Commissario haben wir somit eines der herrlichsten Kunstwerke der Pinakothek zu verdanken. Die Ausstellung erreichte – völlig zu Recht – einen Besucherrekord für die Alte Pinakothek.

Die Kunsthalle München, die frühere Hypo-Kunsthalle, überrascht immer wieder mit wunderbaren Ausstellungen. *Joaquín Sorolla* war eine Überraschung, denn die wenigsten Besucher hatten in München den spanischen Meister des impressionistischen Lichts zuvor überhaupt auf dem Radar, vollkommen zu Unrecht, wie sich herausstellte. Joaquín Sorolla erlebte seine ersten internationalen Triumphe in Paris und dann in New York, wo er 1909 in der Hispanic Society mit einer viel gerühmten Ausstellung seinen großen Durchbruch feierte. Die Ausstellung in München war ein Fest des Lichts mit seinen sonnendurchfluteten Badeszenen, seinen südlichen Landschaften und schönen Frauen. Der Katalog * sei

* Roger Dideren, Joaquín Sorolla: Spaniens Meister des Lichts, München 2016, ISBN 978-3-7774-2563-4

jedem zu empfehlen, da er sich wie ein Standardwerk über den Künstler liest. Die Ausstellung war in Zusammenarbeit mit der Urenkelin des Künstlers, Blanca Sorolla, entstanden, eine reizende Dame, die ich während des Eröffnungsrundganges kennenlernen durfte. Mir hat ein Bild in der Ausstellung ganz besonders gut gefallen: ein Frauenakt, der auf einem rosa Bettzeug wie hingegossen lag und stark an die Venus von Velázquez in der National Gallery erinnerte.* Auf dem Schild stand: »Aus Privatbesitz«. Bei dieser Provenienzangabe werde ich immer hellhörig, da es sein könnte, dass das Bild verkäuflich ist. Also fragte ich Señora Blanca Sorolla beim anschließenden Umtrunk, ob sie mir verraten könne, wem das Bild gehöre, da es mir sehr gefalle. Sie nehme das als Kompliment, antwortete sie mir. Auf dem Bild sei ihre Großmutter dargestellt, und es hänge normalerweise bei ihr im Wohnzimmer.

Bei einer späteren Reise nach Madrid empfing uns Blanca Sorolla zu einem Rundgang in ihrem Museum. Die Familie hatte nach dem Tod des Meisters das Wohnhaus als Museum der Öffentlichkeit übergeben. Das Museo Sorolla möchte ich jedem Madrid-Besucher empfehlen, da man dort nicht nur die wunderbaren impressionistischen Bilder von Joaquín Sorolla studieren kann, sondern auch das schöne Haus der Familie mit den von Sorolla selbst entworfenen Gärten erlebt. Es zählt zu den unbekannteren Schätzen Madrids, wie auch, nicht weit entfernt, das Museo Lázaro Galdiano, das im früheren Privathaus des Sammlers besucht werden kann. Es birgt ungeahnte Schätze, wie beispielsweise einen kleinen Hieronymus Bosch mit einem meditierenden Johannes dem Täufer. Bilder von Velázquez, Goya und El Greco zeugen vom Sachverstand und dem guten Auge Lázaro Galdianos.

* https://historia-arte.com/obras/desnudo-de-mujer

Wenn ich es mir recht überlege, sollte ich das Museo Lázaro Galdiano in die Liste jener Museen aufnehmen, in die ich gerne als Untermieter einziehen würde.

Sind die großen Ausstellungen, wie wir sie heute kennen, die Blüte einer Eventkultur im 21. Jahrhundert? Das ist nicht von der Hand zu weisen. Der regelmäßige Museumsbesuch ohne besonderen Anlass hat abgenommen, zum Teil sogar deutlich. Selbst eingefleischte und stete Museumsgänger nehmen eine Ausstellung zum Anlass, ihr örtliches Museum zu besuchen oder auf Reisen zu gehen. Dabei sind die Ansprüche auf beiden Seiten gewachsen: Die Ausstellungsmacher und die Kuratoren wollen – aus professionellem Ehrgeiz und mit der Aussicht auf Fördergelder – ein gutes Ergebnis abliefern. Und wer ein- oder mehrmals eine gute Ausstellung geliefert hat, dem wird auch für die Zukunft mehr zugetraut. Der Besucher schließlich erhält etwas Besonderes, so nicht Wiederholbares: einen besseren Einblick in die dargestellte Epoche oder das Werk der ausgestellten Künstler. Durch den unmittelbaren Vergleich lassen sich Parallelen oder Unterschiede zwischen einzelnen Kunstwerken erkennen, die sich einem sonst nicht erschlossen hätten. Man bekommt Bilder zu sehen, die aus entlegenen Orten ausgeliehen wurden und die man sonst nicht zu Gesicht bekommen hätte.

Eine geglückte Ausstellung wird daher immer auch ein Eye-Opener sein.

Sind Kirchen die besseren Museen?

Noch nicht einmal vierzig Minuten vor den Toren von Florenz findet man in den Hügeln von Prato das Örtchen Carmignano. Warum sollte man das an Kunstschätzen überbordende Florenz verlassen, um diesen Ort in der Toskana aufzusuchen? Er birgt eines der bestgehüteten Geheimnisse: In der dem Erzengel Michael geweihten Pfarrkirche befindet sich ein großartiges Kunstwerk, das sich die Pfarrgemeinde äußerst ungern von der Wand nehmen lässt: die *Heimsuchung Mariens* von Jacomo Pontormo*. Als das Kunstwerk restauriert wurde, kam es im Jahr 2014 für kurze Zeit in die Ausstellung *Pontormo e Rosso Fiorentino* ** in den Palazzo Strozzi.

Die kleine Kirche San Michele Arcangelo an der Hauptstraße des Ortes ist gewöhnlich jeden Tag geöffnet, nur als wir kamen, war sie geschlossen. Bald war jedoch eine nette ältere Frau zur Stelle, die uns aufschloss. So konnten wir in Ruhe ein Meisterwerk betrachten, das für einen der Seitenaltäre dieses Kirchleins geschaffen worden war.

* http://pontormo.it

** https://www.palazzostrozzi.org/mostre/pontormo-e-rosso-fiorentino/

Liebevoll und sehr ernsthaft sehen sich die beiden Cousinen Maria und Elisabeth in die Augen, als wüssten sie um das Schicksal der beiden Söhne, die sie bald zur Welt bringen würden, Jesus und Johannes. Die sehr viel ältere Elisabeth, die nicht geglaubt hatte, dass sie noch einmal schwanger werden würde, tritt auf Maria zu und umarmt sie, die auch nicht auf eine alltägliche Weise schwanger geworden war. Sie sind umgeben von zwei weiteren Frauen, die die Besucher so unvermittelt ansehen, als würden sie sichergehen wollen, dass wir uns der außerordentlichen Bedeutung dieser Begegnung auch wirklich bewusst sind. In kräftigen Farben, Grün, Gelb, Blau und Rosa, stehen die Frauen in weiten, gebauschten Gewändern in voller Größe über dem Seitenaltar, dort, wo das Bild wohl einst von Pontormo selbst aufgehängt worden war. Der Genuss, ein derart bedeutendes Kunstwerk in aller Ruhe erleben zu können, und noch dazu an genau der Stelle, für die es geschaffen worden war, ist ein seltenes Privileg, das man hier mit einem köstlichen Pranzo in der nahe gelegenen Osteria dei Mercanti feiern kann!

So wunderbar es ist, die Museen zu besuchen und den großen Ausstellungen hinterherzureisen, am schönsten ist und bleibt es doch, die Kunstwerke an den Orten aufzusuchen, für die sie entstanden sind. Denn die allerwenigsten wurden für die Museen geschaffen, in denen wir sie heute bewundern können.

Sind also Kirchen die besseren Museen? Das wird man sicherlich nicht pauschal beantworten können, denn häufig muss man schon etliche Kilometer abfahren oder lange Wege gehen, um an den Ort zu gelangen, an dem man die Kunstwerke *in situ*, an ihrem ursprünglichen Ort, betrachten kann.

In Venedig beispielsweise muss man bekanntlich viele Schritte gehen, es sei denn, man hätte, wie in früheren Jahrhunderten, seinen privaten Gondoliere, der den Besucher direkt zur kleinen Brücke am Campo dei Frari gondelt. Die Frari-Kirche, die eigentlich Santa Maria Gloriosa dei Frari heißt, birgt einen der größten Schätze der an Schätzen reichen *Serenissima*. Kein Geringerer als Tizian erhielt im Jahr 1516 von den Franziskanerbrüdern den Auftrag, die große *Himmelfahrt Mariens** für den Hauptaltar der Kirche zu schaffen. Dieses Riesenbild, knapp sieben Meter hoch, beherrscht bis auf den heutigen Tag das Kirchenschiff, und man kann den Blick nicht mehr davon wenden, sobald man das Innere der Frari-Kirche betreten hat. Es ist ein Bild von ungeheurer Kraft und Dynamik, das mit allen Traditionen der Malerei brach, wie man sie in Venedig bislang gekannt hatte. Überlebensgroß stehen die Apostel, recken ihre Hände gen Himmel und sehen voller Trauer, Verwunderung und Anbetung zugleich, wie die Mutter Gottes von einer ganzen Heerschar von Engeln auf einer Wolke in den Himmel getragen wird, wo sie der über allem schwebende Gottvater, inmitten von überirdischem Licht, erwartet.

Die *Assunta* wäre, gleich nach ihrer Entstehung, fast von Kaiser Karl V. erworben worden. Die Franziskaner waren über die Kraft und Dynamik des Bildes so erschrocken, dass sie zögerten, Tizian das Altarbild abzunehmen. Erst als sie hörten, dass die Agenten des Kaisers Interesse zeigten, beeilten sie sich, das Geschäft abzuschließen.

Anfang des 19. Jahrhunderts hat das Altarbild Tizians den Weg der Mehrheit aller Altarbilder angetreten, als es ins Museum kam, in die Accademia am Canal Grande. Im 19. Jahrhundert war der große Tizian dort die Hauptattraktion. Bis das nicht nur von den Venezianern hoch verehrte Monumentalwerk nach dem Ersten Weltkrieg wieder triumphal an seinen Ursprungsort zurückkehrte.

* https://www.basilicadeifrari.it/opere/assunta/

Gleich gegenüber der Frari-Kirche – oder dahinter, je nachdem, von welcher Seite man kommt – befindet sich die Scuola Grande di San Rocco, erbaut für eine der großen caritativen Bruderschaften Venedigs im 16. Jahrhundert. Das palastartige Gebäude wurde von der vermögenden Gemeinschaft zur Speisung der Armen und für den Unterricht am rechten Glauben genutzt, denn die ketzerischen Gedanken der Reformation waren von Deutschland aus über die Alpen auch bis nach Venedig gelangt. Der Bau diente aber auch der Repräsentation und für die Zusammenkünfte der Bruderschaft. Was die künstlerische Ausstattung betraf, konkurrierten die *Scuole grandi* mit den anderen mächtigen Bruderschaften der Stadt. Dass ausgerechnet Tintoretto, den Tizian als jüngeren Konkurrenten sein Leben lang bekämpfte, direkt neben Tizians triumphaler *Assunta* seinen größten Triumph feierte, grenzt schon fast an Ironie. Aber Tintoretto musste auch lange auf einen solchen Auftrag warten – bis Tizian alt geworden war und schließlich starb. Erst danach konnte sich Tintoretto in Venedig ganz entfalten. In der Scuola Grande di San Rocco* ist der gesamte Bilderschmuck von seiner Hand, ein gewaltiger Zyklus auf zwei Stockwerken, einschließlich der großen Deckengemälde. Die Zyklen, die Tintoretto hier geschaffen hat, sind außerordentlich beeindruckend. Sie umfassen Darstellungen sowohl des Alten als auch des Neuen Testaments. Der offenbar unermessliche Reichtum der Bruderschaft hatte übrigens seinen Grund auch darin, dass es den Brüdern gelungen war, die Knochen des namengebenden Patrons, des heiligen Rochus, aus Frankreich zu erwerben und nach Venedig zu bringen. Sie wurden in der Scuola beigesetzt und galten als höchst verehrungswürdige Reliquien – eine stete Einnahmequelle angesichts der herbeiströmenden Pilger.

* http://www.scuolagrandesanrocco.org/home/

Jahrzehntelang hat Tintoretto an dieser riesigen Aufgabe gearbeitet, die alleine in der Scuola nicht weniger als sechsundfünfzig zum Teil großformatige Bilder umfasst. Das hielt ihn nicht davon ab, während dieser Zeit noch weitere Aufträge für die Stadt auszuführen, wie das riesige *Paradies** im Saal des Rates im Dogenpalast, das mit seinen unzähligen Figuren als das größte Gemälde der Welt gilt. Alleine für die großen Gemälde von Tintoretto in den Kirchen, den Scuole der Bruderschaften und im Dogenpalast lohnt es sich, nach Venedig zu reisen. Es wird nur leider nicht gelingen, sich ausschließlich auf Tintoretto zu konzentrieren, denn die Stadt ist so überreich an Schätzen, dass man gar nicht umhinkommt, eine Auswahl zu treffen.

Eine Station darf man jedoch keinesfalls auslassen, wenn wir von Meisterwerken sprechen, die sich *in situ* befinden: das Altarbild von Giovanni Bellini, die *Sacra Conversazione*** in San Zaccaria, das sich bis auf den heutigen Tag an ein und derselben Stelle in der Kirche befindet, auf der linken Seitenwand des Hauptschiffes. Das Besondere hieran ist, dass sich auch der aus Stein gehauene Rahmen der Kirchenarchitektur erhalten hat und Bellini den gemalten und den Architekturrahmen ineinandergehen lässt. Die Säulen, die Kapitelle, die gemalte Apsis, die ganze gemalte Architektur des Bildes ist eine Fortsetzung der dreidimensionalen Architektur, in die das Bild eingesetzt ist.

Nur einmal nach seiner Installierung im Jahr 1505 wurde das Bild aus seinem Kontext herausgenommen. Als unter Napoleon halb Venedig geplündert wurde, kam auch die *Sacra Conversazione* nach Paris. Nach dem Wiener Kongress wurde sie – mit vielen anderen Kunstschätzen, so zum Bei-

* https://upload.wikimedia.org/wikipedia/commons/7/7a/

** http://www.italianrenaissance.org/bellinis-san-zaccaria-altarpiece/

spiel auch den Pferden von San Marco – wieder zurückgegeben. Allerdings hatte man am oberen Rand ein Stück des Gemäldes abgeschnitten, somit fehlt ein Teil der gemalten Kuppelarchitektur.

Das Altarbild ist von Bellini streng symmetrisch aufgebaut: in der Mitte thront die Muttergottes, und sie hält den segnenden Jesusknaben auf ihrem Schoß. Der marmorne Thron, der auf mehreren Stufen steht, wird bekrönt von einer aus Stein gehauenen Maske. Diese stellt vermutlich König Salomon dar, der hier nicht nur das Alte Testament repräsentiert, sondern durch seine sprichwörtliche Weisheit den Thron Mariens zu einem Thron der Weisheit macht. Ihr zu Füßen, auf den Stufen des Thrones, sitzt ein Engel, der ganz versonnen auf seiner Viola spielt. Er ist die einzige Figur im Bild, die den Betrachter unmittelbar ansieht und ihn so zum Zeugen des Geschehens macht. Links und rechts sehen wir einige der Heiligenfiguren, die man auch auf anderen Altären sieht: links den heiligen Petrus mit Buch und Schlüsseln und die heilige Katharina mit dem Palmwedel und Teilen des Rades, mit dem man sie gefoltert hat. Auf der rechten Seite in ebenso stummer *Conversazione* die heilige Lucia und der in sein Buch vertiefte heilige Hieronymus in einem wallenden roten Gewand. Die Farben sind hervorragend erhalten, auch das leuchtende Lapisblau des Mantels der Madonna mit dem Faltenwurf, der gekonnt über ihre Knie fließt und über die Stufen herabfällt. Das Bild strahlt eine große Harmonie und Feierlichkeit aus. Man sieht an diesen Beispielen *in situ*, wie sehr sich die venezianische Malerei in einem halben Jahrhundert von Bellini zu Tizian und Tintoretto verändert hat. Hier ruhige Feierlichkeit, dort gewaltige Kraft und Dynamik. Hier auf dem Höhepunkt der Renaissance, dort in der neuen *maniera*, dem Manierismus, wie diese Epoche der Kunstgeschichte genannt wird, mit den ersten Vorboten des wiederum ein halbes Jahrhundert später einsetzenden Barock.

Eines der großen Bilder meiner Kindheit war die *Entkleidung Christi* oder *El Espolio* von El Greco in der Münchner Pinakothek.* Dieses Bild hatte mich schon immer fasziniert, vor allem wegen der schönen Spiegelung des roten Gewandes Christi in der glänzenden Rüstung des Soldaten neben ihm.

Als ich in jungen Jahren zum ersten Mal nach Toledo kam und dort plötzlich »meine Entkleidung« aus der Pinakothek in der Sakristei der Kathedrale hängen sah, war ich zunächst enttäuscht. Sollte das heißen, dass wir in München nur eine Kopie verehren? Wie ich dann lernen musste, ist die Münchner Version tatsächlich eine Replik (eine von vielen), allerdings und zum Trost: eine der besten von allen, und wahrscheinlich von El Grecos Werkstatt. El Greco erhielt den Auftrag für dieses Werk, das von vielen als sein bestes angesehen wird, im Jahr 1576, also nicht lange nachdem er aus Italien nach Spanien gekommen war. Geboren wurde er unter dem Namen Dominikus Theotokopoulos auf der Insel Kreta, daher auch sein Künstlername »El Greco«, der Grieche. Er hatte sich bereits einen Namen als Ikonenmaler gemacht, als er in Venedig eintraf. Dem Einfluss Tizians und der venezianischen Malerei seiner Zeit blieb El Greco sein Leben lang verbunden, auch als er sich in Spanien niederließ und seinen eigenen, in den Augen der Zeitgenossen höchst eigenwilligen Stil entwickelte – seinen eigenen Manierismus. Mit seinen überlangen Figuren und gewagten Kompositionen eckte er häufig an, gleichzeitig eroberte er sich viele Verehrer. Die Kunstgeschichte sieht in ihm einen der Vorläufer und Wegbereiter der Moderne.

* https://www.pinakothek.de/kunst/die-entkleidung-christi

In der Sakristei der Kathedrale von Toledo hängt die *Entkleidung** weit oben über dem Hauptaltar, entrückt und für die Gläubigen in der Kirche gar nicht sichtbar. Das Bild zu betrachten war den Mitgliedern des Domkapitels vorbehalten.

Das mag auch erklären, warum es – und mit ihm die Hauptwerke El Grecos – erst so spät, um 1900, von der Kunstgeschichte entdeckt wurde. Denn die anderen Hauptwerke des Meisters befanden sich ebenfalls unter Verschluss, in El Escorial. Die Herren des Kapitels der Kathedrale bestanden auf dieser sehr seltenen Darstellung der Entkleidung Christi, da sie eine kostbare Reliquie in ihrem Kirchenschatz aufbewahrten: ein Stück des roten Mantels, das Christus an jenem Tag getragen haben soll.

Mein wirkliches Erweckungserlebnis mit dem *Espolio* aus Toledo hatte ich dann vor ein paar Jahren, als das Bild erstmals seinen hohen Platz in der Sakristei verließ und in die Restaurierungswerkstätten des Prado kam. Es sollte anlässlich der Ausstellung zum 400. Todestag El Grecos im Jahr 2014 gereinigt werden. Im Lauf von fast 450 Jahren ist der Firnis erheblich nachgedunkelt, so der zuständige Restaurator.** Das Bild war wohl niemals zuvor gesäubert, geschweige denn von der Wand genommen worden, was den unglaublich guten Erhaltungszustand erklärt. Ich hatte das Glück, dieses grandiose Gemälde ganz aus der Nähe betrachten zu können, als es für kurze Zeit nach Beendigung der Restaurierung im El Greco-Saal des Prado aufgehängt wurde, bevor es in die Sakristei in Toledo zurückkam. Jetzt hängt es wieder da, wo es hingehört – *in situ* und wieder entrückt. Und all

* https://upload.wikimedia.org/wikipedia/commons/7/7a/El_Greco_-_El_Espolio.jpg

** https://www.youtube.com/watch?v=8KJeuWuoYPA

die faszinierenden Einzelheiten des Bildes wird man wohl nie mehr so nah zu Gesicht bekommen.

Toledo – eine Stadt, in der die Zeit stehen geblieben zu sein scheint – ist voller Bilder von El Greco. Zwei, drei Tage in Toledo, und man fühlt sich in seine Welt zurückversetzt.

Es gibt nicht viele Bilder *in situ*, die sich in Privatbesitz befinden. Das erste, das mir einfällt, hängt bei der Familie, für die es geschaffen wurde: Rembrandts *Porträt des Jan Six*.* Im Jahr 1654 entstanden, stellt es Rembrandts wahrscheinlich bestes Porträt dar. Jan Six war ein bedeutender Handelsherr in Amsterdam, später sogar Bürgermeister. Wir stehen vor einem vermögenden Bürger der Stadt, der den Betrachter selbstbewusst, aber auch mit freundschaftlicher Güte ansieht, in einem dunkelbraunen Gewand mit geschlitzten Ärmelöffnungen mit vielen Knöpfen, einem weißen Leinenkragen und Spitzen an den Handgelenken. Er trägt weiche, hellbraune Handschuhe und eine über eine Schulter gelegte elegante rote Jacke mit goldenen Applikationen. Der besonders ausdrucksstarke und überzeugende Gesichtsausdruck des Porträtierten mag damit zusammenhängen, dass Jan Six und Rembrandt zu diesem Zeitpunkt eng befreundet waren. Diese sehr persönliche Beziehung konnte Rembrandt in den Gesichtszügen seines Freundes sichtbar machen. Später allerdings ging die Freundschaft auseinander. Seit seiner Entstehung befindet sich das Porträt im Besitz der Familie. Es hängt, gemeinsam mit weiteren bedeutenden Bildern der Sammlung, im Hause Six an einer der schönen Grachten der Stadt. Zwar hat es, wie mir der junge Jan Six XI. erzählte, einmal seinen Platz gewechselt, als die Familie umgezogen ist. Man hat dabei allerdings die Holzvertäfelung des Raumes, in dem sich der Rembrandt befand, mitgenommen und

* http://en.collectiesix.nl/app/fsm.php?vwr=vrijetekst&mid=49

im neuen Haus installiert. Somit hängt das Bild wieder an der ursprünglichen Vertäfelung. Das sollte als Kriterium für ein *in situ* genügen. Jan Six XI. trägt wie alle Erstgeborenen der Familie Six den Vornamen seines Ahnherrn, zur Unterscheidung hat man sie praktischerweise durchnummeriert. Er ist Kunsthistoriker, hat sich – wie sollte es auch anders sein – auf Rembrandt spezialisiert und in den letzten Jahren zwei bisher unerkannte Rembrandts entdeckt. Sein Vater, Jan Six X., der heutige *pater familias*, verwaltet die Sammlung.

Die Six Collection ist kein öffentliches Museum, sie befindet sich nach wie vor im Privathaus der Familie. Sie kann aber nach schriftlicher Anmeldung über die Website an Wochentagen besucht werden.

Anlässlich meines letzten Besuches bei Freunden in Neapel kam die Sprache auf Caravaggio. Ob ich schon den Caravaggio in der Kirche Pio Monte della Misericordia gesehen hätte? Ich musste gestehen, das hatte ich noch nicht. Am nächsten Tag war morgens mein erster Gang in diese Kirche, die in einer kleinen Seitenstraße direkt unterhalb der Kathedrale von Neapel zu finden ist. Sie liegt in einem palastartigen Gebäudekomplex, im Besitz einer Institution, die noch heute wohltätigen Zwecken dient. Zu dem Zeitpunkt, Anfang April, waren bereits viele Touristen in der Stadt, und ich befürchtete, es würde voll werden. Aber ich hatte mich getäuscht. Während man in der Kathedrale anstehen musste, um in die Seitenkapelle mit dem Tesoro di San Gennaro zu gelangen, war die Chiesa del Pio Monte della Misericordia fast leer. Die Kirche des »Frommen Bergs der Barmherzigkeit« ist eine Rundkirche mit hoher Kuppel und acht Nischen mit Altären. Zu meinem großen Erstaunen hatten sich an diesem Freitagvormittag außer mir nicht mehr als sechs weitere Besucher dorthin verirrt. So konnte ich in aller Ruhe eines der wichtigsten Bilder von Caravaggio betrachten, das für den Hauptaltar geschaffen worden war: *Die Sieben Werke der Barmherzigkeit:** Die Gründung der barmherzigen Vereinigung vom Pio Monte erfolgte im Jahr 1602 durch sieben vermögende Bürger der Stadt, die sich der Wohltätigkeit ihren bedürftigen Mitbürgern gegenüber verpflichtet fühlten. Im Jahr 1607 erhielt Caravaggio, der soeben auf der Flucht aus Rom in der Stadt angekommen war, von dieser Bruderschaft einen seiner ersten neapolitanischen Aufträge. Es war ihm gelungen, sich nach dem tödlich ausgegangenen Streit mit einem seiner römischen Saufkumpane der dortigen Justiz zu entziehen, die ihn wohl wegen Mordes zum Tode verurteilt hätte. Caravaggio war nicht nur der geniale Künstler, der mit seiner kraftvollen *Chiaroscuro*-Malerei etwas völlig Neues geschaffen hatte. Er hob die bisher geltenden Regeln der Malerei auf. Er tauchte seine Bilder in dramatische Hell-Dunkel-Szenen mit völlig neuer Lichtführung, und er wagte es, für seine Heiligendarstellungen Modelle von der Straße zu holen – Bettler, die er mitsamt ihren schmutzigen Füßen zu Aposteln machte, und stadtbekannte Prostituierte, die er in biblische Gewänder steckte. So schuf er sich viel Bewunderung, aber auch viele Feinde. Denn damit stellte sich Caravaggio diametral gegen die traditionelle Malerei, die seit Raffael eine idealisierte Schönheit propagierte, die von den Brüdern Carracci in Rom weitergeführt worden war. Aber Caravaggio rüttelte nicht nur die Kunstwelt auf, er brachte auch wegen seiner Streitlust viele Menschen gegen sich auf. Nach jenem nächtlichen Duell musste er Rom Hals über Kopf verlassen, und er floh nach Neapel, das außerhalb des Kirchenstaates lag und als Vizekönigreich zur spanischen Krone gehörte. Bald erhielt er den prestigeträchtigen Auf-

* https://www.piomontedellamisericordia.it/il-pio-monte/cappella/

trag, das namengebende Bild für die Kirche della Misericordia zu schaffen. Die Sieben Werke der Barmherzigkeit – die Armen zu speisen, den Dürstenden zu trinken zu geben, die Nackten zu bekleiden, die Fremden aufzunehmen, die Gefangenen und die Kranken zu besuchen und die Toten zu begraben – wurden bislang meistens in einzelnen Darstellungen oder in Form eines mehrteiligen Zyklus dargestellt. Caravaggio stellte sich der Aufgabe, alle sieben Werke in einem einzigen Bild zu zeigen, was ihm auf spektakuläre Weise gelang.

Die nächtliche Straßenszene wird von der Madonna der Barmherzigkeit bewacht und beschützt, die von zwei mächtig flügelschlagenden Engeln am oberen Bildrand umgeben ist. Unter ihr stellen verschiedene, von einer Fackel beleuchtete Menschen die einzelnen Werke dar. Ein junger Mann, der wie ein heiliger Martin seinen Mantel teilt, um einen Nackten zu kleiden, während ein weiterer Bedürftiger unter ihm auf dem Boden kauert; ein Wirt, der einem Pilger sein Haus öffnet, während hinter ihnen ein Mann aus einem Gefäß Wasser trinkt. Währenddessen beleuchtet ein Priester den Weg einer Beerdigung, und schließlich gibt eine junge Frau einem Gefangenen durch das Fenstergitter hindurch die Brust, um die Speisung der Bedürftigen und den Besuch eines Gefangenen gleichzeitig zu verkörpern.

Das Bild gefiel den Auftraggebern so gut, dass es in der Kirche hängen bleiben sollte, und dort befindet es sich bis zum heutigen Tag. Binnen kürzester Zeit gelang es Caravaggio mithilfe dieses Gemäldes, zum einflussreichsten Künstler Neapels zu werden.

Aber es hielt ihn nicht lange, denn bald schiffte er sich nach Malta ein, um in die Dienste des mächtigen Malteserordens zu treten. Er wurde dort vom Großmeister des Ordens mit wichtigen Porträts betraut und sogar als Ordensritter aufgenommen. Als »Morgengabe« musste er dort ein ganz besonderes Bild abliefern: Für das Oratorium des Ordens, das dem heiligen Johannes dem Täufer geweiht war und sich an die Kathedrale von La Valetta anschließt, schuf er das größte und eines seiner eindrücklichsten Werke: *Die Enthauptung Johannes des Täufers.** Es misst nicht weniger als 5,20 Meter in der Breite und 3,60 Meter in der Höhe und nimmt die gesamte Stirnseite des Oratoriums ein. Es ist ein magisch beleuchtetes und grausames Bild. Der Henker drückt Johannes mit einer Hand an seinem Schopf auf den Boden des Kerkers, während er das Messer, mit dem er seinem Opfer offenbar soeben die Kehle durchgeschnitten hat, wieder in die Scheide steckt. Das Schwert liegt unbenutzt auf dem Boden. Eine andere Interpretation besagt, der Henker habe den Kopf mit dem Hieb des Schwertes nicht ganz durchtrennen können und jetzt mit der Hand nachhelfen müssen. Beides ist gleichermaßen brutal. Jedenfalls scheint Johannes noch lebendig zu sein, und seine fast geschlossenen Augen blicken auf die Blutlache, die sich unter seinem Kopf gebildet hat.

Caravaggio hat mit dem Blut des Johannes seinen Namen auf den Kerkerboden geschrieben, was geradezu unglaublich erscheint: Er benutzt rote Farbe, um sie zu Blut zu machen, und dann macht er dieses Blut wieder zu Farbe. Währenddessen deutet der Kerkermeister völlig ungerührt auf die Schüssel, in die der Henker den Kopf nach getaner Arbeit legen soll, während die zwei Frauen, die darauf warten, den Kopf in der Schüssel nach oben in den Palast zu tragen, diesem grausamen Schauspiel zusehen: die ältere, die Magd, voller Entsetzen, und die andere, die junge Salome, mit Ungeduld.

* https://www.visitvalletta.de/kultur/news/artikel/detail/caravaggio-in-malta.html

Caravaggios Anfänge liegen in Rom. Der junge Michelangelo Merisi aus dem Ort Caravaggio in der Nähe von Mailand war ein unbeschriebenes Blatt, als er im Jahr 1592 dort eintraf. Er begann bei dem Maler Cavaliere d'Arpino in einer der erfolgreichsten Werkstätten Roms als Lehrling. Bald trat er aus dem Schatten seines Meisters heraus und überzeugte die römischen Kunstkenner mit neuen Bilderfindungen. Sein wichtigster Förderer in Rom wurde Kardinal del Monte, einer der einflussreichsten Sammler. Durch seine Vermittlung erhielt Caravaggio viele Aufträge in der römischen Gesellschaft. Trotz seines aufbrausenden Charakters und seiner Rauflust: Caravaggios Werke waren gesucht. Man zerriss sich den Mund über den neuen Realismus, die schwarzen Füße und die stadtbekannten Kurtisanen, die ihm für seine Marien- und Magdalenen-Darstellungen Modell saßen, die Bilder wollte man dennoch haben.

Als Caravaggio durch Vermittlung des Kardinals del Monte den Auftrag erhielt, die Wandbilder für die Contarelli-Kapelle in der Kirche San Luigi dei Francesi zu schaffen, war sein Ruhm unter den Kunstsammlern Roms bereits gefestigt. Jetzt wurde er einem breiteren Publikum bekannt. Die Seitenkapelle vorne links in der Kirche ist vollständig mit den drei großformatigen Bildern Caravaggios ausgefüllt, die dem Leben und Sterben des Apostels Matthäus gewidmet sind*. Das Bestechendste ist die theatralische Lichtregie. Über dem mittleren Altarbild befindet sich ein Fenster, das Licht scheint für alle drei Bilder von dort zu kommen. Im linken Bild wird die Berufung des Matthäus dargestellt. Jesus betritt in Begleitung von Petrus einen dunkeln Raum, in dem die Zöllner bei der Verrichtung ihrer Arbeit angetroffen

* https://de.wikipedia.org/wiki/Berufung_des_Hl._Matthäus#/media/Datei:1475RomaSLuigiFrancesiInside.jpg

werden: Mehrere Männer sitzen um einen Tisch und zählen Geld. Jesus zeigt mit ausgestreckter Hand auf einen von ihnen, einen bärtigen Mann, der aufsieht und fragend mit seiner Hand auf seine Brust weist, als wollte er sagen: »Meinst du wirklich mich?« Wie wir aus dem Neuen Testament wissen, wird er sogleich aufstehen und, ohne zu zögern, Jesus nachfolgen.

Das rechte Bild zeigt das Martyrium des Heiligen. In einer dramatischen Szene wird er von seinem Henker vor einem Kirchenaltar, an dem er soeben die Messe gelesen hatte, zu Boden geworfen und im nächsten Atemzug durch das Schwert getötet. Matthäus hebt noch abwehrend die rechte Hand, die sein Henker mit der Linken ergriffen hat, während dieser mit seiner Rechten zum Hieb ausholt. Alle anderen Anwesenden ergreifen entsetzt die Flucht, nur einer wendet sich nicht ab. Im Hintergrund sieht man Caravaggio in einem Selbstporträt hinter einer Säule, wie er mit hilfloser Trauer im Gesicht dem Geschehen als Zeuge beiwohnt. Über dem Heiligen beugt sich ein Engel von einer Wolke tief herunter, um Matthäus den Palmwedel der Märtyrer zu übergeben. Gespenstisch ist die dunkle Szene, dem Gesamtkonzept folgend nur von einer Lichtquelle links oben scharf beleuchtet – eines der genialsten Exempel eines konsequenten *Chiaroscuro*.

Das mittlere Bild, über dem Altar, stellt den heiligen Matthäus mit dem Engel dar. Der Apostel schreibt, halb stehend, halb kniend, an seinem Schreibpult und sieht zum über ihm schwebenden Engel auf, der in einem gebauschten weißen Leintuch sich zu ihm herunterbeugt, um ihm das Wort des Herrn ins Buch zu diktieren. Dazu nimmt der Engel die Finger zu Hilfe, um dem heiligen Mann die Wahl der göttlichen Worte zu erklären. Ein helles weißliches Licht kommt von oben herab, um den Apostel wortwörtlich zu »erleuchten«.

Bei spärlichem Tageslicht muss sich das an künstliches Licht gewohnte Auge des 21. Jahrhunderts des Münzautomaten bedienen, der, wie in fast allen italienischen Kirchen, für ein paar Minuten die Spots einschaltet, damit man die Kunstwerke besser betrachten kann. Es ist daher nicht nur für die Francesi-Kirche angeraten, immer einen Vorrat von Euro-Münzen bei sich zu führen.

Caravaggios Ruhm war nach diesem Riesenerfolg kaum mehr zu toppen. Nur wenig später erhielt er den Auftrag für die nächste Kapelle, die Cerasi-Kapelle in Santa Maria del Popolo. Ausgerechnet sein Erzrivale Annibale Caracci – der bedeutendste Vertreter der konventionellen, Raffaels Vorbild folgenden Malerei des Idealen und Schönen – sollte die mittlere Altartafel mit der Himmelfahrt Mariens malen, für Caravaggio waren die beiden Seiten bestimmt. Es wurde sozusagen zum Gipfeltreffen der Konkurrenten*. Mit der Himmelfahrt Mariens gelang Caracci ein Meisterwerk. Es ist ein farbenfrohes Bild, mit einer Muttergottes, die mit auseinandergebreiteten Armen, von Engeln gehoben und geführt, in den Himmel aufsteigt, während die Apostel mit großen Gesten der Anbetung und Bewunderung sich zu ihren Füßen scharen.

Die Darstellung der Seitentafeln sollte die Bekehrung des Saulus und die Kreuzigung des Petrus beinhalten. Caravaggio schuf dafür je zwei Versionen, denn die zunächst von ihm vorgelegten Bilder gefielen den Auftraggebern nicht. In kürzester Zeit entstanden die Bilder, die noch heute in der Kapelle zu bewundern sind.

Die rechte Seite stellt die Bekehrung des Saulus dar. Auf dem Bild Caravaggios ist Saulus, vom Strahl Gottes getrof-

* https://en.wikipedia.org/wiki/Cerasi_Chapel#/media/File:Annibale_Carracci_e_Caravaggio,_Cappella_Cerasi.jpg

fen, vom Pferd gestürzt und liegt nun hilflos und blind mit ausgestreckten Armen auf dem Boden. Ein Begleiter hält das erschrockene Pferd am Zügel und hindert es daran, auf den unter ihm liegenden Herrn zu treten. Auf der gegenüberliegenden Seite der Kapelle die Kreuzigung des Petrus. Der Apostel ist bereits mit Nägeln ans Kreuz geheftet, und drei Schergen bemühen sich unter großen Anstrengungen, das Kreuz mit dem Kopf des Petrus nach unten aufzurichten. Einer hält das Kreuz am Fußende mit beiden Armen umfasst, während der zweite sich müht, es mit einem Seil aufzurichten, und der dritte Mann von unten her anschiebt. Von ihm sieht man hauptsächlich seinen verlängerten Rücken und die schmutzigen Fußsohlen, die er dem Betrachter direkt vor die Nase hält.

Während die Erstfassung der Petruskreuzigung heute verschollen ist und wir somit nicht wissen, wie sie ausgesehen haben könnte, befindet sich die erste Fassung der Bekehrung des Saulus in römischem Privatbesitz. Nur einmal war sie, soweit ich weiß, öffentlich in einer Ausstellung zu sehen, aber die hatte ich leider verpasst. Es war also ein großer Glücksfall, als im Gespräch mit einem römischen Freund die Sprache auf das Gemälde in der Sammlung Odescalchi kam und er mich fragte, ob ich Interesse hätte, mir das Bild anzusehen. Natürlich sagte ich Ja. Die Principessa stimmte unerwarteterweise zu – unter einer Bedingung. Ich müsse mit verbundenen Augen kommen. Ich sollte wohl als *Antiquario* nicht sehen, was es sonst noch im Hause an Kunstschätzen gab.

Als ich im Palazzo Odescalchi auf der Bel Etage vorsprach, öffnete mir ein freundlicher älterer Herr, offenbar das Faktotum der Principessa. Er war jedoch milde gestimmt, und ich musste mir die Augen doch nicht verbinden. Er führte mich in einen großen Raum, der vollkommen dunkel war. Dort konnte ich ein großes Bild an der Hauptwand nur erahnen.

Erst nach einer Weile fragte er mich: »*Voi la luce?*« Selbstverständlich wollte ich, und er knipste das Licht an. Ich war sprachlos. Nach einer Weile sagte er: »*Voi la luce del giorno?*« Er öffnete die großen Fensterläden, und das Tageslicht ergoss sich in den Raum. Es war ein unvergessliches Erlebnis. Das Bild von 2,37 Meter Höhe ist von einer unbändigen Kraft. Ein rotbärtiger Saulus liegt geblendet auf dem Boden und bedeckt mit beiden Händen seine brennenden Augen. Über ihm schirmt ihn sein Begleiter, ein Soldat in voller Montur und einem Helm mit bunten Federn, mit Schild und Lanze vor dem unglaublichen Ereignis ab, das auf sie herunterzukommen droht: Im Sturzflug kommt Jesus Christus auf Saulus vom Himmel heruntergesaust. Ein Engel muss den Herrn in letzter Sekunde vor dem Absturz bewahren, indem er ihn umfasst und im Gleichgewicht hält. Währenddessen wird das Pferd, das ängstlich in den Himmel schaut und Schaum vor dem Maul hat, nach hinten abgeführt. Die Gefahr droht hier also nicht vom Tritt des scheuenden Pferdes, sondern sie kommt vom Himmel herab.

Man kann für die Familie Odescalchi nur von großem Glück sprechen, dass die ursprünglichen Auftraggeber das Bild damals nicht akzeptierten. Sie sind heute die stolzen Besitzer eines der bedeutendsten Gemälde Caravaggios. In Rom erzählte man sich, dass Berlusconi (in seiner Zeit als Premierminister) der Principessa 100 Millionen Euro für das Bild geboten habe. Die resolute alte Dame habe ihn jedoch abblitzen lassen.

Caravaggios Kunst hatte noch lange nach seinem Tod großen Einfluss, und die Entwicklung vieler Künstler wäre ohne ihn anders verlaufen. Er hatte posthum viele Schüler, die seinem neuen Stil nacheiferten. Es waren nicht nur Italiener wie Orazio Gentileschi und seine Tochter Artemisia oder Bartolomeo Manfredi und Mattia Preti. Für Franzosen wie

Valentin de Boulogne und Nicolas Tournier war Caravaggios Einfluss von entscheidender Prägung, ebenso wie für den aus Spanien nach Rom gereisten Jusepe de Ribera, der Caravaggio in Rom bewundern konnte, bevor er sich in Neapel für den Rest seines Lebens niederließ und der Kunst seines Vorbilds vielleicht am nächsten kam. Rom war im beginnenden 17. Jahrhundert das Mekka junger Künstler aus ganz Europa. So trafen auch junge, ungestüme Künstler aus der holländischen Stadt Utrecht in Rom ein, die sich für die neue Kunstrichtung entflammten: Dirck van Baburen, Hendrick ter Brugghen und Gerard van Honthorst. Als sie nach Utrecht zurückkehrten, beeinflussten sie ihrerseits die Künstler, die nicht das Glück gehabt hatten, in Rom gewesen zu sein. Darunter war auch Rembrandt, von dem wir zwar nicht wissen, ob er je einen Caravaggio gesehen hat, und doch kann man sich seine eigene Art des *Chiaroscuro*, des »Tenebrismus«, kaum ohne die von Caravaggio erfundene extreme Hell-Dunkel-Malerei vorstellen.

Ausstellungen, die den Einfluss Caravaggios dokumentieren, hat es in letzter Zeit mehrere gegeben. Die Londoner National Gallery glänzte im Jahr 2016 mit der Ausstellung *Beyond Caravaggio,* die eine Reihe von Werken des Meisters mit seinen Nachfolgern konfrontierte. Dort konnte man unter anderem den zuletzt wiederentdeckten Caravaggio aus Dublin bewundern, die *Gefangennahme Christi.** Erst Anfang der Neunzigerjahre hatte der damalige Restaurator das seit dem 17. Jahrhundert verschollene Bild identifiziert, als er von den Jesuitenpatern in Dublin gebeten worden war, sich des sehr dunklen Bildes anzunehmen. Es war dem Jesuitenkolleg von einer Dame geschenkt worden, in deren Familie es als

* https://www.nationalgallery.ie/art-and-artists/highlights-collection/taking-christ-michelangelo-merisi-da-caravaggio

»Nachahmer von Honthorst« gegolten hatte. Ich war zu der Zeit in Dublin und konnte selbst die Begeisterung und Aufregung miterleben, mit der der Restaurator in seinem Studio vor dem noch halb fertigen Bild die wundersame Geschichte des Auffindens eines Caravaggio erzählte.

In Utrecht und dann in München, in der Alten Pinakothek, konnte man 2019 die Ausstellung *Utrecht, Caravaggio und Europa* bewundern. Sie war ein großer Publikumserfolg, nicht nur weil es den Kuratoren gelungen war, eine große Zahl wichtiger Caravaggisten für die Ausstellung zu erhalten, sondern auch weil sie es geschafft hatten, die monumentale *Grablegung Christi* aus den Vatikanischen Museen nach München zu bekommen. Das gab der ohnehin schon hervorragenden Ausstellung sozusagen die höheren Weihen.

Diese Ausstellung wird sicher nicht wenige Besucher inspirieren, sich die Bilder von Caravaggio, die ihre Kirchen nie verlassen werden, dort *in situ* anzusehen. Oder die Vatikanische Pinakothek aufzusuchen, um sich noch einmal die wunderbare Grablegung anzusehen, die wir zumindest für kurze Zeit in München erleben durften.

Private versus staatliche Museen

Die Bedeutung privater Sammlungen und Museen kann gar nicht hoch genug eingeschätzt werden. Und Gott sei Dank scheint die Lust der Sammler, ihre eigenen Museen zu eröffnen, bis heute ungebrochen zu sein. Private Sammler ergänzen die großen staatlichen Museen auf eine besondere Art: Sie sammeln da weiter, wo die Museen der öffentlichen Hand nicht mehr sammeln können. Insbesondere auf dem Gebiet der Zeitgenössischen Kunst füllen private Sammlungen eine Lücke, die sonst nicht geschlossen werden könnte. Geschuldet ist dies vor allem auch dem Kunstmarkt mit seinen explodierenden Preisen für Zeitgenössische Kunst. Die Preisspirale hat sich in den letzten Jahren in abenteuerliche Höhen weitergeschraubt, und es scheint kein Ende abzusehen. Ich habe vor Jahren zu denen gehört, die vor dem Platzen der Blase warnten. Ich konnte mir einen weiteren Preisanstieg kaum noch vorstellen, auch angesichts der absurden Diskrepanz zu den Preisen für Alte Meister, die im Durchschnitt viel niedriger lagen. Aber wir Mahner und Zweifler sind Lügen gestraft worden – es geht einfach immer weiter. Das Interesse der Öffentlichkeit an der Entwicklung der

Zeitgenössischen Kunst scheint ungebrochen. Entsprechend groß ist der Hype, und Veranstaltungen wie die Documenta in Kassel oder die Biennale in Venedig haben mehr Zulauf denn je. Man sollte sich nur nicht der Illusion hingeben, das seien museale Ausstellungen – im Gegenteil: Sie sind hochkommerziell, auch wenn sie sich mit dem Mantel einer kuratierten Ausstellung schmücken. Bestes Beispiel für den ungebremsten Kommerz der Biennale in Venedig ist die 2017 von langer Hand vorbereitete Show mit riesigen, vermeintlich vom Meeresboden geborgenen Bronzeskulpturen von Damien Hirst im Palazzo Grassi und der Punta della Dogana, beides Museen, die seinem Hauptkunden und Gönner François Pinault gehören. Die Skulpturen waren auch gar nicht aus Bronze, sondern aus Resin, einem schnell aushärtenden Gießharz, in Einzelteilen angeliefert, mit Sekundenkleber verbunden und anschließend so mit der Farbpistole behandelt. Trotz der Kritik, die diese Werke von Damien Hirst als »schlechten Witz« oder »gigantische Fake-Show« titulierte, waren die Ausstellungen ein unermesslicher finanzieller Erfolg. Künstler und »Mäzen« teilten sich die gigantischen Einnahmen. Man muss das aber gar nicht groß kritisieren: Das sind Ausstellungen, wie sie das Publikum offenbar sehen will. Da hat einfach jemand den Zeitgeist perfekt verstanden und entsprechend umgesetzt.

Der Magnat Pinault liebt es offenbar, sich mit seinem Kollegen und Landsmann Bernard Arnault Gefechte zu liefern. Und die beiden tun dies nicht nur mit ihren Firmen, die in den Luxussegmenten der Mode sehr erfolgreich sind, sondern auch auf anderen Gebieten. Monsieur Pinault besitzt Château Latour, Monsieur Arnault die Häuser Moët & Chandon und Hennessy und Château Cheval Blanc. Monsieur Pinault ist der Eigentümer des Auktionshauses Christie's, und so musste Monsieur Arnault auch ein Auktionshaus haben. Sotheby's war nicht zu haben, also kaufte er Phillips, das er jedoch bald wieder verkaufte, weil es nicht rentabel genug war. Monsieur Arnault ließ sich von Frank Gehry, dem Erbauer des Guggenheim in Bilbao, für seine Luis Vuitton-Stiftung einen sensationellen Museumsbau im Pariser Bois de Boulogne errichteten, nachdem Monsieur Pinault bereits Ausstellungshallen in Venedig besaß: den schon erwähnten Palazzo Grassi am Canal Grande und die Punta della Dogana neben der Kirche Santa Maria della Salute. Sie konkurrieren als begeisterte Sammler Zeitgenössischer Kunst. Aber Monsieur Pinault konnte es nach dem Bau des Musée Louis Vuitton nicht auf sich sitzen lassen, dass er selbst in Paris nicht vertreten war. Daher realisiert er mit dem japanischen Architekten Tadao Ando, der bereits Pinaults Museen in Venedig gestaltet hat, die sensationelle Transformation eines historischen Gebäudes im Herzen von Paris: den Rundbau der Bourse de Commerce, gleich neben den früheren Hallen von Paris und gegenüber dem Restaurant Le Pied de Cochon, einem der traditionsreichsten Bistros in Paris. Die Eröffnung ist für Ende 2019 angesetzt.

Pioniere in der Szene großer Stiftungen mit moderner und zeitgenössischer Kunst waren in Köln das Ehepaar Ludwig. In den 1970er-Jahren stifteten sie den größten Teil ihrer modernen Sammlung der Stadt Köln, die daraufhin an prominenter Stelle, zwischen dem Dom und dem Rhein, das Museum Ludwig erbaute. Es folgten weitere Stiftungen von weiteren Bürgern der Stadt; schließlich brachten Peter und Irene Ludwig in den Neunzigerjahren ihren gesamten Picasso-Bestand ein, der das Museum in eine Liga mit den Picasso-Museen von Barcelona und Paris aufstiegen ließ. Heute hat das Museum Ludwig ein sehr erfolgreiches Eigenleben und ist zu einem der wichtigsten Häuser für die Klassische Moderne und die Zeitgenössische Kunst in Deutschland geworden – geboren aus der großzügigen Schenkung eines Ehepaares.

In München ist die Pinakothek der Moderne der Initiative der Bürger der Stadt zu verdanken. Ohne das Engagement des privat getragenen Vereins wäre der Freistaat nicht in der Lage gewesen, das Museum zu errichten. Für die Sammlungen war und ist das Museum weiterhin auf Mäzene angewiesen, wobei hier eine sehr großzügige Persönlichkeit heraussticht: Herzog Franz von Bayern. Von Jugend an hat der engagierte Wittelsbacher und heutiges Oberhaupt der Familie Kunst gesammelt und war darin den vielen Mitgliedern des Fördervereins Beispiel und Ansporn zugleich.

Die Sammlung des Museums ist ohne die Stiftungen und Leihgaben des Herzogs gar nicht denkbar.

Ebenfalls ein Glücksfall für die Münchner Staatsgemäldesammlungen war der Sammler Udo Brandhorst. Mit der Dauerleihgabe der Sammlung, die er seit den 1970er-Jahren mit seiner Frau Anette Brandhorst aufgebaut hatte, und dem vom Freistaat Bayern errichteten, 2009 eröffneten Museum Brandhorst ist eine vierte Pinakothek entstanden, die die Staatsgemäldesammlungen in die Zeitgenössische Kunst hinein ergänzen konnte. Die Stadt München hatte schon einmal großes Glück mit einer Kunstsammlerin. Ingvild Goetz bezog im Jahr 1993 ihr eigenes Privatmuseum in München-Oberföhring, ein intimer und gleichzeitig überzeugender Museumsbau der Schweizer Stararchitekten Herzog & de Meuron, in dem sie nur einen Teil ihrer ständig wachsenden Sammlung Zeitgenössischer Kunst mit Schwerpunkt auf Video-Kunst zeigen kann. Im Jahr 2013 vollzog die passionierte und großzügige Sammlerin den Schritt, der sich bereits angebahnt hatte: die Schenkung ihrer einmaligen Sammlung und des Museumsbaus an den Freistaat Bayern. Mit der Sammlung Goetz ist eine Lücke geschlossen worden auf einem Feld, das die Staatlichen Museen niemals zu bestellen in der Lage gewesen wären.

Ein bedeutendes Bürgermuseum ist das Städel in Frankfurt am Main, mit dem sich die Stadt gerne schmückt, das jedoch durch ein breites Engagement privater Zuwendungen getragen wird. Durch das lange und engagierte Wirken ihres ehemaligen Direktors Max Hollein, mittlerweile Direktor des Metropolitan in New York, konnte das Städel einen historischen Schritt in die Zeitgenössische Kunst machen und einen neuen unterirdischen Bau eröffnen, der ohne den Einsatz der Frankfurter Bürger nicht möglich gewesen wäre.

Auch die Bremer Kunsthalle ist ein Beispiel eines erfolgreichen Museums, das von den Bürgern der Stadt und ihrem Kunstverein getragen wird. Der Kunstverein nennt sich auf seiner Website ein »Crowdfunding-Start-up mit 200 Jahren Geschichte« und wirbt dort mit dem schönen Satz aus einer Mitteilung an die Mitglieder zur Eröffnung des ersten Kunsthallen-Gebäudes 1849: »Nicht die Munifizenz eines Fürsten, nicht das Decret einer öffentlichen Behörde hat es errichtet, nein, unsere jährlichen fünf Thaler haben es gebaut ...«

Weiter geht es in die Schweiz: Eine Reise in die Stadt Luzern wäre unvollständig ohne den Besuch der Sammlung Rosengart. Wie die Fondation Beyeler in Basel ist auch das Museum Rosengart eine Kunsthändler-Stiftung. Hinter der Fassade eines ehemaligen Bankgebäudes verbirgt sich eines der schönsten Museen für die Klassische Moderne in der Schweiz. Angela Rosengart errichtete 1992 die Stiftung Rosengart, in die sie die gesamte Sammlung einbrachte, die ihr Vater mit ihr aufgebaut hatte. Als Kunsthändler pflegten sie engen Kontakt mit Künstlern wie Pablo Picasso und Paul Klee. Es ist eine Sammlung, die den ganz persönlichen Geschmack von Madame Rosengart und ihrem Vater widerspiegelt, und es gehört für mich zu den schönsten Erinnerungen, von der Chefin des Hauses persönlich durch das Museum geführt zu werden. Die Stifterin nahm sich die Zeit, mir ihre Lieblingsbilder zu erklären, darunter Porträts, die Picasso von ihr als junges Mädchen geschaffen hat. Und sie spricht auch heute noch leidenschaftlich von den verpassten Gelegenheiten eines Sammlers – von Bildern, die sie hätten kaufen, und solchen, die sie nicht hätten verkaufen, sondern für die Sammlung behalten sollen.

Das private Museum Frieder Burda zählt heute zu den wichtigsten Sehenswürdigkeiten der Stadt Baden-Baden – ein Bau von Richard Meier, der auch das Getty Center erschaffen hat. Es fügt sich harmonisch in den Baden-Badener Stadtpark ein, in unmittelbarer Nachbarschaft und verbunden mit der Kunsthalle Baden-Baden. Frieder Burda begann in den 1970er-Jahren zu sammeln und entschied sich in den Neunzigerjahren, seine eigene Stiftung zu gründen, die den Bau des Museums übernahm. Im Jahr 2004 wurde eröffnet, und erst da konnte man ermessen, welch bedeutende Sammlung Burda hier aufgebaut hatte. Es gibt kaum jemanden, der Baselitz, Gerhard Richter und Sigmar Polke so intensiv gesammelt hat wie er. Pablo Picasso ist mit seinem Spätwerk ebenso vertreten wie die meisten anderen Repräsentanten der Moderne, die inzwischen zu Klassikern geworden sind. Ich erinnere mich noch sehr gut, als ich Frieder Burda vor vielen Jahren in den Gängen der Maastrichter Kunstmesse auf einer Bank sitzen sah, ein Häuflein Elend. Ich fragte ihn, ob ich etwas für ihn tun könne, denn er sah wirklich nicht gut aus. Es ginge schon, antwortete er mir, doch ich machte mir ernsthaft Sorgen. Nach ein paar Stunden begegnete ich ihm wieder, und da war er wie ausgewechselt und strahlte übers ganze Gesicht. Er habe sich, wie er mir dann erzählte, gequält, ob er einen wunderbaren Picasso erwerben sollte oder nicht, und dann habe er sich doch dafür entschieden, und jetzt gehe es ihm viel besser! Ich habe diese Kunstleidenschaft – im wahrsten Sinne des Wortes – bei ihm sehr bewundert.

Einer der vielen Sammler Zeitgenössischer Kunst, die sich entschieden haben, ihre Sammlung publik zu machen, ist Thomas Olbricht mit dem Me Collector's Room in der Auguststraße in Berlin. Ich möchte ihn hervorheben, weil er anders ist als viele andere Sammler. Thomas Olbricht ist ein passionierter Sammler Zeitgenössischer Kunst, aber seine Sammlung weist noch eine weitere Besonderheit auf: Neben Werken von Thomas Schütte, Thomas Demand und vielen anderen zeitgenössischen Künstlern – eine Sammlung, die inzwischen viele Tausend Objekte umfasst – in einem wechselnden Ausstellungsprogramm präsentiert er in den Räumen auch eine permanenten Sammlung von Objekten der Renaissance und des Barock in einer Kunst- und Wunderkammer. Seit vielen Jahren berät ihn auf diesem Gebiet mein Freund und Kollege Georg Laue, der auf dem Gebiet der Wunderkammer führende Kunsthändler. Diese Mischung macht die Sammlung des Me Collector's Room einzigartig.

Zu einem weiteren Fixpunkt für die Berliner Kunstbegeisterten ist der Hamburger Bahnhof geworden, der über weitläufige Räumlichkeiten verfügt (und im Übrigen auch über ein beliebtes Restaurant; das Fleisch stammt vom dem Lokal angeschlossenen Bauernhof Gut Kerkow in der Uckermark). Er gehört zu den Staatlichen Museen Preußischer Kulturbesitz und überzeugt immer wieder mit großartigen und erfolgreichen Ausstellungen. Aber ohne die großzügigen Schenkungen und Leihgaben privater Sammler könnte er das hohe internationale Niveau nicht halten. Die Sammlung Erich Marx gab hier den entscheidenden Ausschlag, dazu kamen wesentliche Teile der Sammlung von Friedrich Christian (Mick) Flick mit einem größeren Block mit Arbeiten von Bruce Nauman und Martin Kippenberger und vielen anderen zeitgenössischen Künstlern.

Berlin darf man nicht verlassen, bevor man nicht der Sammlung Heinz Berggruen in Charlottenburg einen Besuch abgestattet hat. Wieder war es ein Kunsthändler, der seine bedeutende Sammlung – hier mit den Schwerpunkten Picasso, Klee, Cezanne, van Gogh und Matisse – der Öffentlichkeit zur Verfügung stellte. Von den Nazis verfolgt, ging Heinz Berggruen zunächst in die USA und nach dem Krieg nach Paris. Dort wurde er ein bedeutsamer Kunsthändler. Am Ende seines Lebens kam er wieder nach Berlin zurück, wo er von der Stadt Berlin ein Palais gegenüber von Schloss Charlottenburg zur Verfügung gestellt bekam. Gemessen an den bereits damals sehr hohen Kunstmarktpreisen, hat Berggruen seine Sammlung von über hundert bedeutenden Bildern zu einem fast symbolischen Preis an die Stiftung Preußischer Kulturbesitz verkauft. Heute würde man wohl für ein oder zwei Picassos aus der Sammlung denselben Preis bezahlen müssen wie damals für das ganze Konvolut. Ein letzter Traum wurde für den alten Herrn wahr, als man ihm im Palais im obersten Stock eine Wohnung einrichtete. So konnte er mit seiner Sammlung unter einem Dach leben.

Vor Kurzem besuchte ich durch Vermittlung von Münchner Freunden ein ganz besonderes Privatmuseum und weiteres herausragendes Beispiel privaten Mäzenatentums im schönen Chiemgau, DASMAXIMUM – KunstGegenwart in Traunreut. Der Kunsthändler Heiner Friedrich gehörte bereits in den 1960er-Jahren zu den Visionären, die das Potenzial von Kunstschaffenden erkannten, die damals noch kaum jemand auf dem Radar hatte. So förderte er früh Künstler wie Walter De Maria, John Chamberlain und Imi Knoebel und ermöglichte ihnen Freiräume, um Kunst zu schaffen. Vieles blieb damals unverkauft und wanderte in seine private

Sammlung. Und er hat es den Künstlern ermöglicht, Installationen zu schaffen, die von vornherein für seine Sammlung bestimmt waren. Nach vielen erfolgreichen Jahren des Kunsthandels in New York eröffnete er in leer stehenden Hallen der väterlichen Metallfabrik ein Tageslichtmuseum ganz eigenen Charakters. Alle dort ausgestellten Künstler, von Dan Flavin über Baselitz zu John Chamberlain, Walter De Maria, Blinky Palermo, Andy Warhol und Imi Knoebel, erhielten große Räume für sich. Man wandert von Halle zu Halle, in denen sich der Besucher auf den jeweiligen Künstler mit einer ganz eigenen Installation konzentrieren kann.

Einen völlig anderen Aspekt privaten Sammelns deckt das Museum Barberini in Potsdam ab. Hasso Plattner, einer der Gründer des Softwareunternehmens SAP, hat mit dem Wiederaufbau eines der markantesten Gebäude im Zentrum Potsdams eine Großtat vollbracht. Das Palais Barberini, das im Krieg völlig zerstört worden war, ist von Plattner rekonstruiert worden und heute wieder eines der schönsten neoklassizistischen Gebäude der Stadt. Es beheimatet Plattners umfangreiche Sammlung, die zwei Schwerpunkte aufweist. Neben einer umfassenden Impressionistensammlung hat Plattner die heute wohl größte Sammlung an DDR-Künstlern zusammengetragen.

Blicken wir in die USA. Ein absolutes Muss bei einem Museumsbesuch in New York ist die *Neue Galerie* an der Fifth Avenue, Ecke 86. Straße, in einem wunderschön restaurierten Palais aus der Jahrhundertwende. Sie beherbergt Ronald Lauders sagenhafte Sammlung der deutschen und österreichischen Kunst von Jugendstil und Expressionismus. Das berühmteste Bild der Sammlung ist das Porträt der Adele Bloch-Bauer von Gustav Klimt, *Die Frau in Gold*, das über viele Jahre hinweg Gegenstand eines Streits über die Restitution an die rechtmäßige Erbin Maria Altmann war. Die Republik Österreich als Vertreterin des Belvedere, wo das Bild hing, tat sich schwer, die Besitzansprüche an diesem Hauptwerk von Gustav Klimt aufzugeben. Nach der Restitution wurde es von Ronald Lauder zu einem Rekordpreis von 135 Millionen Dollar erworben und in die Sammlung der Neuen Galerie eingebracht. Gustav Klimt, Egon Schiele und Oskar Kokoschka sind hier mit wichtigen Werken vertreten, ebenso wie Max Beckmann, Ernst Ludwig Kirchner, Paul Klee sowie George Grosz und Otto Dix. Die Neue Galerie ist heute weltweit eines der besten Museen für Kunstwerke dieser Epoche. Und nebenbei kann man in den hauseigenen Cafés Sabarsky und Fledermaus die besten Wiener Kaffeehäuser außerhalb Wiens aufsuchen, mit sämtlichen Wiener Mehlspeisen auf der Karte und dem besten Wiener Schnitzel New Yorks. Aber auch hier gilt: Bitte vorher online reservieren, es handelt sich um einen sehr begehrten Ort.

Als ich bei meinem letzten New York-Besuch Ronald Lauder in seinem Privathaus besuchen durfte, erkannte ich einen sehr schönen Klimt im Speisezimmer. Auf meine Frage, ob ich den nicht bereits in der Galerie gesehen hätte, antwortete er mir: »Aber ja. Von Zeit zu Zeit nehme ich mir die Freiheit, Gemälde aus dem Museum hin und her zu tauschen.« Wohl dem, der sein eigenes Museum hat!

Ein Neuzugang in New York ist die Hill Art Foundation, die Anfang 2019 eröffnete. Sie liegt in einem neuen Gebäude an der 24. Straße, Ecke 10th Avenue, direkt an der High Line, dem ehemals überirdisch verlaufenen Teil der New Yorker Underground, der heute begrünt und ein sehr populärer Teil von West Chelsea geworden ist. Die moderne Glas- und Stahlkonstruktion wurde von Stararchitekt Peter Marino entworfen. Darin sind Luxuswohnungen, Offices und die Hill Art Foundation mit ihren Ausstellungsräumen untergebracht. Als ich vor vielen Jahren Tom und Janine Hill in ihrer

Wohnung an der Upper East Side besuchte, sprachen sie schon von ihrem Traum, eines Tages ein eigenes Museum zu errichten. Dabei war ihre Wohnung selbst schon ein hochklassiges Museum. Es war vor allem der unerwartete Mix, der das Besondere der Sammlung ausmachte. Da gab es bedeutende Werke von Christopher Wool und Andy Warhol, Francis Bacon und Cy Twombly, aber diese Werke Zeitgenössischer Kunst hingen im Dialog mit frühen Goldgrundbildern des 14. Jahrhunderts, Bildern von Rubens und einer Gruppe bedeutender italienischer Bronzen von Giambologna und Adriaen de Vries. Dem weiteren Publikum wurde dieser Teil der Sammlungen von Tom und Janine Hill bekannt, als die Frick Collection im Jahr 2014 die Ausstellung *Renaissance and Baroque Bronzes from the Hill Collection* präsentierte. Bemerkenswert war, dass die Sammler es ausdrücklich gestatteten, die wertvollen Bronzen nicht in Glasvitrinen zu stellen, sondern offen auf Sockeln zu präsentieren, sodass die Besucher wirklich ganz nah herankonnten.

Als ich vor einigen Jahren für Tom Hill einen wichtigen Rubens in London ersteigern sollte, rief ich ihn kurz vor der Auktion noch einmal an, nicht nur um das Höchstgebot zu besprechen, sondern auch um ihm zu erzählen, dass es Leute gebe, die schlecht über das Bild sprächen. Es sei in schlechtem Zustand und möglicherweise nicht von Rubens selbst. Es war der typische *gossip,* den man häufig vor einer Auktion hört, und zwar immer von den Leuten, die weder das Interesse noch die Möglichkeit haben, das in Rede stehende Bild zu ersteigern. Die Reaktion von Tom Hill war knapp und klar: *»I never buy with my ears, only with my eyes!«* Er wollte nichts auf Gerüchte geben, solange er selbst von einem Bild überzeugt war. Ich war es im Übrigen auch, und so konnte ich es für ihn ersteigern. Ein paar Wochen später hing es als Leihgabe der Hills im Metropolitan in New York. Es war übrigens nicht nur ein ganz großartiges Bild, sondern auch in hervorragendem Zustand.

Jetzt haben Tom und Janine Hill sich ihren Traum von einem eigenen Museum erfüllt, und ich freue mich darauf, die Hill Foundation zu besuchen, wenn ich das nächste Mal in New York bin.

Wenn wir von bedeutenden Privatsammlern sprechen, deren Sammlung ihre Stadt und die Kunstwelt bereichert, dürfen wir die Galleria Borghese in Rom nicht unterschlagen. Denn es sind ja keineswegs nur die Sammlungen Zeitgenössischer Kunst, die hier erwähnenswert sind. Für den Kardinal Scipione Borghese, ein Neffe des Papstes Paul V., waren es ohnehin zeitgenössische Künstler. Das Barockgenie Gian Lorenzo Bernini gehörte ebenso wie Caravaggio zu den Künstlern, die der Kardinal förderte.

Die Villa ist ein Gesamtkunstwerk. Da sind die Skulpturen von Bernini, die man von vielen Abbildungen her kennt und hier endlich im Original bewundert werden können: *Apollo und Daphne*, die sich bei der ersten Berührung durch den sie verfolgenden Gott in einen Baum verwandelt. Oder der *Raub der Proserpina*, wo Hades, der Gott der Unterwelt, mit kräftigem Griff beim herzhaften Zupacken den Schenkel seiner Angebeteten eindrückt, dass man nicht glaubt, eine Marmorskulptur vor sich zu haben. Schließlich der junge David, der sich mit zornigem Gesicht zum Wurf mit seiner Steinschleuder bereit macht. All diese Herrlichkeiten werden von der Büste des Hausherrn bewacht, Kardinal Scipione, gut genährt und mit mildem Blick, ebenfalls von Bernini. Raffael ist mehrfach vertreten, mit seiner *Grablegung,* die so viele Maler nach ihm beeinflusst hat, und seiner schönen *Dame mit dem Einhorn*. Und es gibt hier nicht weniger als sechs kapitale Bilder von Caravaggio, darunter der *Junge mit dem Fruchtkorb*, das *Selbstporträt als kranker Bacchus*, die *Madonna Palifieri* und

David mit dem Haupt des Holofernes. Das ist die größte Gruppe von Bildern Caravaggios in einer Sammlung weltweit.

Als die Lieblingsschwester Napoleons, Pauline, im Jahr 1803 den Fürsten Camillo Borghese heiratete, wurde sie Hausherrin der Villa Borghese. Sie ließ sich von Antonio Canova, dem angesagtesten Bildhauer der Zeit, auf einer Recamière liegend als nackte Venus darstellen und provozierte damit einen Skandal. Um diesen und viele andere Kunstschätze und die fantastisch dekorierte Villa besuchen zu können, muss man sich mit genügend Vorlauf über das Internet einen Slot buchen. Das hat den großen Vorteil, dass man dann in Ruhe und Gelassenheit die Sammlung und das Haus besichtigen kann, die Besucherzahl ist kontingentiert.

Und ich kann nur sagen: wer die Sammlung der Villa Borghese nicht gesehen hat, der hat Rom nicht gesehen.

Zum Schluss

Diese *Gebrauchsanweisung fürs Museum* kann nie vollständig oder jemals zu Ende geschrieben sein. Es wird bei einem solchen Buch immer nur um Beispiele gehen können, und bei diesen Beispielen handelt es sich naturgemäß um jene, die ich kenne und schätze. Somit kann bei der Zusammenstellung für dieses Buch nur eine ganz persönliche, subjektive Auswahl von Bildern und Museen herauskommen.

Jedes einzelne hier beschriebene Bild, jedes hier vorgestellte Museum hat mich auf seine Art fasziniert und berührt und lege ich kunstinteressierten Museumsgängern besonders ans Herz

Eines ist offensichtlich: Das Interesse an Ausstellungen Alter Meister nimmt zu, dabei wird das Publikum immer jünger. (Zumindest kommt mir das so vor, nachdem ich mich schon selbst zu den Älteren zählen darf.) Immer häufiger sehe ich, dass selbst eingefleischte Sammler Moderner und Zeitgenössischer Kunst sich auch für Alte Meister begeistern. Das hat vielleicht auch mit den Kapriolen zu tun, die der Markt der Zeitgenössischen Kunst bisweilen schlägt. Beide Welten – die Welt der Alten Meister und die der Zeitgenössischen Kunst – haben eins gemeinsam: Große Namen werden hier wie dort von den Medien und dem Publikum gleichermaßen gehypt. Ausstellungen über Leonardo, Botticelli oder Caravaggio – fast egal, wo sie stattfinden – sind Selbstläufer.

Die Museen sind im 21. Jahrhundert angekommen. Nur noch selten findet man Plätze, in denen die Zeit stehen geblieben ist. Ein erfolgreiches Museum ist heute kein Ort der Weltflucht für realitätsferne Eliten. Es muss sich um eine zeitgemäße Präsentation der ihm anvertrauten Kunst kümmern, und dazu muss es weiterhin sammeln, bewahren und forschen. Ständig ändern sich dabei die Anforderungen. Und dieses ganze Spektrum an Tätigkeiten muss finanziert werden.

Erfolgreiche Museumsleute müssen daher nicht nur gute Kunsthistoriker sein, sondern Visionen entwickeln, die sowohl die staatlichen Stellen als auch das private Mäzenatentum überzeugen können. Denn ein gut geführtes Museum und überzeugende Ausstellungen kosten viel Geld.

Jedem, der sich durch diese *Gebrauchsanweisung* inspiriert fühlt, sich noch ein wenig mehr mit den Alten Meistern zu beschäftigen, kann ich nur glücklich zurufen: *Welcome to the club!*

Lesen Sie die Ausstellungskataloge der Ausstellungen, die Sie besuchen. Blättern Sie in den Büchern, die Sie in der Liste der empfohlenen Literatur finden. Treten Sie dem Freundeskreis Ihres Lieblingsmuseums bei und helfen Sie mit, Ihr Museum zu unterstützen. Im Gegenzug wird Ihnen vieles geboten – etwa der Besuch der Vernissagen oder der Pre-Previews! Manche Freundeskreise veranstalten hochinteressante Reisen, die Sie zu anderen Museen und Ausstellungen führen. Und Sie treten einem Kreis kunstinteressierter Menschen bei, der Ihr Leben bereichern kann.

Wenn Sie zu den Kunstschätzen der Welt reisen, versuchen Sie die Reisetermine so zu legen, dass Sie Hauptreisezeiten umgehen. Und wenn dies nicht möglich ist, bereiten Sie den Besuch gut vor, um Enttäuschungen zu vermeiden.

Vor allem aber: Gehen Sie einfach mal nur so, ohne einen besonderen Anlass, ins Museum und schauen Sie sich die Bilder an. Denn jedes Bild hat Ihnen eine Geschichte zu erzählen. Sie müssen nur hinsehen und hinhören!

Nachwort und Dank

Mein Dank gebührt den geduldigen Lesern, aber auch allen Kollegen und Kunsthistorikern, denen ich so viel Freude verdanke, in den Museen und den Ausstellungen, die ich im Laufe vieler Jahre besuchen konnte, und deren Bücher und Kataloge ich lesen und studieren durfte.

Mein großer Dank gilt dem Piper Verlag, Felicitas von Lovenberg und Bettina Feldweg, dass sie mir die ehrenvolle Aufgabe übertragen haben, diese *Gebrauchsanweisung fürs Museum* schreiben zu dürfen, und meinem Lektor Rainer Wieland, mit dem ich wieder sehr gerne zusammengearbeitet habe.

Und wie immer danke ich meiner Familie, meiner Frau, meinen Töchtern und Enkeln, denen ich diese *Gebrauchsanweisung* von Herzen widme.

Empfohlene Literatur

Einführende Literatur und Museumskataloge:

Colin Bailey und Pierre Rosenberg: *Les Amours des Dieux. La Peinture Mythologique de Watteau à David*, Fort Worth, Paris, 1991

Christopher Baker (Hrsg.): *The National Gallery Complete Illustrated Catalogue*, London 2001

Hans Belting und Christiane Kruse: *Die Erfindung des Gemäldes*, München 1994

Ingvar Bergström: *Dutch Still-Life Painting in The Seventeenth Century*, New York 1956

Julius Bryant: *Kenwood. Paintings in the Iveagh Bequest*, London 2012

Sybille Ebert-Schifferer: *Die Geschichte des Stilllebens*, München 1998

Johann Wolfgang von Goethe: *Italienische Reise, Neue illustrierte Ausgabe*, Hamburg 2017

Ernst Gombrich: *Die Geschichte der Kunst*, Kleine Ausgabe. Berlin, 2. Aufl. 2017

Claus Grimm: *Stillleben. Die niederländischen und deutschen Meister*, Stuttgart/Zürich 1988

Claus Grimm: *Stillleben. Die italienischen, spanischen und französischen Meister*, Stuttgart/Zürich 1995
Jacobus de Voragine: *Legenda Aurea. Die Heiligenlegenden*, Zürich, 4. Aufl. 1994
Johann Kräftner: *Liechtenstein Museum Wien. Die Sammlungen*, München 2004
Mirjam Neumeister: *Alte Pinakothek. Flämische Malerei*, München 2009
Ovid (Publius Ovidius Naso): *Metamorphosen, Deutsch/Latein in Hexametern*, München, 9. Aufl. 1980
Per Rumberg, Desmond Shaw-Taylor: *Charles I. King and Collector*, London 2018
Charles Ryskamp: *Paintings from the Frick Collection*, New York 1991
Martin Schawe: *Alte Pinakothek. Altdeutsche und altniederländische Malerei*, München 2006
Andreas Schumacher (Hrsg.): *Florentiner Malerei*, München 2017
Andreas Schumacher (Hrsg.): *Florenz und seine Maler*, München 2018
Helge Siefert: *Alte Pinakothek. Französische und spanische Malerei*, München 2009
Rosemary Sweet: *Cities and the Grand Tour. The British in Italy 1690–1820*, Cambridge 2015
Angelika Wesenberg (Hrsg.): *Impressionismus / Expressionismus. Kunstwende*, München 2015
Andrew Wilton und Ilaria Bignamini: *Grand Tour. The Lure of Italy in the Eighteenth Century*, London 1996

Zu den einzelnen Künstlern:

Bellini

Oskar Bätschmann: *Giovanni Bellini*, London 2008

Bellotto (Canaletto)

Bozena Anna Kowalczyk und Monica da Cortà Fumei: *Bernardo Bellotto*, Venedig 2001

Andreas Schumacher (Hrsg.): *Canaletto. Bernardo Bellotto malt Europa*, München 2014

Botticelli

Ronald Lightbown: *Sandro Botticelli. Leben und Werk*, München 1989

Brueghel

Sabine Haag (Hrsg.): *Pieter Brueghel. Die Hand des Meisters*, Wien 2018

Canal (Canaletto)

W. G. Constable (revised by J. G. Links): *Canaletto. Giovanni Antonio Canal*, Oxford 1989

Rosie Razall und Lucy Whitaker: *Canaletto & the Art of Venice*, London 2017

Caravaggio

Bernd Ebert und Liesbeth M. Helmus: *Utrecht, Caravaggio und Europa*, München 2018

Sebastian Schütze: *Caravaggio. Das vollständige Werk*, Köln 2009

Letizia Treves: *Beyond Caravaggio*, London 2016

Claude Lorrain

Marcel Roethlisberger: *Im Lichte Claude Lorrains*, München 1983

Helen Diane Russel: *Claude Lorrain*, Washington 1982

Humprey Wine: *Claude – The Poetic Landscape*, London 1994

Dürer

Kristina Herrmann Fiore: *Dürer e l'Italia*, Rom 2007

Van Dyck

Christopher Brown und Hans Vlieghe: *Van Dyck. 1599–1641*, München 1999

Friedrich

Helmut Börsch-Supan: *Caspar David Friedrich*, München 1990

Werner Hofmann: *Caspar David Friedrich. Naturwirklichkeit und Kunstwahrheit*, München 2015

Goya

Xavier Bray: *Goya – The Portraits*, London 2015

Lion Feuchtwanger: *Goya oder der Arge Weg der Erkenntnis*, 13. Aufl., Berlin 2008

Fred Licht: *Goya – Die Geburt der Moderne*, München 2001

El Greco

Fernando Marías: *El Griego de Toledo. Pintor de lo visible y lo invisible*, Toledo 2014

Hals

Claus Grimm: *Frans Hals*, Stuttgart/Zürich 1989

Holbein

Oskar Bätschmann: *Hans Holbein d.J.*, München 2010

Klenze

Adrian von Buttlar: *Leo von Klenze. Leben, Werk, Vision*, München 2014

Leonardo da Vinci

Pietro Marani: *Leonardo. Das Werk des Malers*, München 2001

Luke Syson und Larry Keith: *Leonardo Da Vinci. Painter at the Court of Milan*, London 2011

Liotard

Roland Enke, Stephan Koja (Hrsg.): *»Das schönste Pastell, das man je gesehen hat«. Das Schokoladenmädchen von Jean-Étienne Liotard*, Dresden 2018

Marcel Roethlisberger und Renée Loche: *Liotard, 2 Bände*, Doornspijk 2008

Lotto

David Alan Brown: *Lorenzo Lotto*, Yale 1997

Giovanni Carlo Federico Villa: *Lorenzo Lotto*, Rom 2011

Enrico Maria Dal Pozzolo und Miguel Falomir: *Lorenzo Lotto Portaits*, Madrid, London 2018

Mantegna

Caroline Campell, Dagmar Korbacher, Neville Rowly und Sarah Vowles: *Mantegna and Bellini*, London 2018

Murillo

Peter Cherry, Xanthe Brooke und Helge Siefert: *Murillo. Kinderleben in Sevilla*, München 2001

Picasso

Raphaël Bouvier: *Der junge Picasso – Blaue und Rosa Periode*, Riehen/Basel 2019

William Rubin (Hrsg.): *Pablo Picasso*, München 1980

Poussin

Richard Verdi: *Nicolas Poussin*, London 1995

Rembrandt

Pascal Bonafoux, *Rembrandt. Selbstbildnisse*, München 2019

Quentin Buvelot: *Rembrandt by Himself*, London 1999

Gemäldegalerie Alte Meister Staatliche Kunstsammlungen Dresden: *Rembrandt van Rijn: Die Entführung des Ganymed*, Dresden 2006

Jan Six: *Rembrandt's Portait of a Young Gentleman*, Amsterdam 2018

Ernst van de Wetering: *Rembrandt. The Painter Thinking*, Amsterdam 2016

Christopher Wright: *Rembrandt*, München 2000

Ribera

Edward Payne und Xavier Bray: *Ribera – Art of Violence*, Dulwich, 2018

Alfonso E. Perez Sanchez und Nicola Spinoza: *Jusepe de Ribera*, New York, 2013

Rubens

Reinhold Baumstark: *Rubens im Wettstreit mit Alten Meistern. Vorbild und Neuerfindung*, München 2009

Nils Büttner: *Peter Paul Rubens*, München 2007

Willibald Sauerländer: *Der katholische Rubens*, München 2011

Otto von Simson: *Peter Paul Rubens. Humanist, Maler und Diplomat*, Darmstadt 1996

Sorolla

Roger Dideren: *Joaquín Sorolla. Spaniens Meister des Lichts*, München 2016

Tintoretto

Roland Krischel: *Tintoretto. A Star was Born*, Köln 2017

Tizian

Filippo Pedrocco: *Tizian*, München 2000

Wilhelm Schlink: *Tizian. Leben und Werk*, München 2008

De Troy

Christophe Leribault: *Jean-François de Troy*, Paris 2002

Velázquez

Dawson W. Carr: Velázquez, London 2006

Sabine Haag (Hrsg.): Velázquez, Wien 2014

José Lopez-Rey/Wildenstein Institute: Velázquez, Köln 2014

Vermeer

Nils Büttner: *Vermeer*, München 2010

Karl Schütz: *Vermeer. Das vollständige Werk*, Köln 2015

Arthur K. Wheelock: *Vermeer. Das Gesamtwerk*, Stuttgart/Zürich 1995

Van der Weyden

Dirk de Vos: *Rogier van der Weyden*, München 1999